西安文理学院学术专著出版基金资助

小学课堂教学的创新方法与技术研究

王国强 著

中国纺织出版社有限公司

图书在版编目（CIP）数据

小学课堂教学的创新方法与技术研究 / 王国强著
. --北京：中国纺织出版社有限公司，2023.12
　　ISBN 978-7-5229-0420-7

Ⅰ.①小… Ⅱ.①王… Ⅲ.①课堂教学—教学研究—小学 Ⅳ.①G622.421

中国国家版本馆CIP数据核字（2023）第048826号

责任编辑：郭　婷　　责任校对：高　涵　　责任印制：储志伟

中国纺织出版社有限公司出版发行
地址：北京市朝阳区百子湾东里A407号楼　邮政编码：100124
销售电话：010—67004422　传真：010—87155801
http://www.c-textilep.com
中国纺织出版社天猫旗舰店
官方微博 http://weibo.com/2119887771
天津千鹤文化传播有限公司印刷　各地新华书店经销
2023年12月第1版第1次印刷
开本：710×1000　1/16　印张：10.25
字数：180千字　定价：65.00元

凡购本书，如有缺页、倒页、脱页，由本社图书营销中心调换

前　言

21世纪初，我国开始实施基础教育课程改革，随着中小学课程改革的不断深入，教师成长与发展的春天来到了！教师不再只是传授者，还要成为研究者，这样的理念深入人心，并引领着广大教师立足课堂，不断探索、不断反思、砥砺前行！

为了改变教学枯燥的现状，笔者试图采用一种切实有效的新的教学方法，以提高教学的效率。笔者主要结合教学实践，突破传统语文教学模式，建设大信息容量的语文课堂，使语文教学具有鲜活的灵魂，积极引导学生关注当代生活，放大课堂承载的生命成长元素，使学生获得价值取向的形成和知识能力掌控的提高。本书力图创建一种让学生主动学习，运用科学的方法探索求知，充分发挥学生主体作用和创新潜能的教学模式。从而真正把学习的自由还给学生，把学习的权利还给学生，把学习的空间还给学生，把学习的欢乐还给学生，培养具有独立自主能力、竞争能力、创新能力的新世纪新人，以适应时代和国家的需要。

《小学课堂教学的创新方法与技术研究》一书旨在研究小学课堂教学的创新方法与技术，其立意定位是实际、实用、实效。本书立足小学课堂教学推进过程中的疑惑和问题，从实践出发，对小学课堂教学进行方法和技术研究。全书共七章，涵盖课堂教学方法概述、小学课堂教学的创新理论、小学数学课堂教学研究、小学语文教学有效新方法、小学英语课堂教法探究、小学综合课程课堂教学法探究和探究经典案例引发反思。每一章都做了详细的阐述与分析，为一线小学老师开展教学实践研究提供理论指导和支持。

在本书的编写过程中，笔者参阅并引用了国内外学者的有关著作和论述，并从中受到了启迪，特向他们表示诚挚的谢意。本书是西安社科基金文理专项2023年度项目"西安市小学课后服务质量保障体系构建研究"、陕西省哲学社会科学研究专项"2023年度省政府参事重点调研课题研究项目：双减背景下陕西省小学课后服务质量改进问题研究（立项号2023HZ1238）"、陕西省社科基金"陕西省新建本科院校思想政治工作教师队伍骨干体系建设途径与策略研究"（立项号2019Q018）、陕西省教育规划十四五2022年度项目"双减背景下西安市小学教育质量提升路径研究"（立项号SGH22Y1405）、西安文理学院大学生创业实践项目"劳动教育体验实践性课程开发与应用"的成果展示专著。由于笔者知识与经验的局限性，书中难免存在疏漏之处，恳请广大读者提出宝贵意见和建议，以使本人学术水平能不断提升。

著者
2023年4月

目 录

第一章　课堂教学方法概述 1
第一节　教学方法的概念 1
第二节　教学方法的分类和特点 3
第三节　教学方法的意义和作用 7

第二章　小学课堂教学的创新理论 10
第一节　鼓励学生自主探究 10
第二节　思维能力训练 19
第三节　师生互动策略 30
第四节　培养良好习惯 39
第五节　关注特殊学生 42

第三章　小学数学课堂教学研究 55
第一节　创造以学生需求为主体的数学课堂 55
第二节　数学课堂中的创新练习设计 60
第三节　数学课堂多媒体技术实践探索 70
第四节　数学教育中对学生独立思考能力的培养 79
第五节　巧借数学错题，培养反思习惯 90

第四章　小学语文教学有效新方法 93
第一节　语文课堂教学的"巧设悬念" 93

第二节 探求语文教学艺术中的灵动之美 ························· 96
  第三节 引导学生开展语文小组讨论 ····························· 102
  第四节 语文课堂讨论指导 ··································· 105
  第五节 作文批改四善 ····································· 107

第五章 小学英语课堂教法探究 ·································· 110
  第一节 发挥主体作用 提高口语水平 ··························· 110
  第二节 英语教学德育有效渗透的方法与途径 ····················· 112
  第三节 小小字母中的军事化管理 ······························ 114
  第四节 开心唱歌曲，快乐学语言 ······························ 118

第六章 小学综合课堂教学法探究 ································ 122
  第一节 让音乐课动起来 ····································· 122
  第二节 提升美术课堂教学质量的有效方法 ······················· 125
  第三节 小学美术鉴赏课的素养教育 ····························· 128
  第四节 体育课课堂教学的途径 ································ 131

第七章 探究经典案例引发反思 ·································· 135
  第一节 "奇妙的动物世界"教学设计 ··························· 135
  第二节 "秋天的画"教学设计思路 ····························· 139
  第三节 "角的初步认识"课堂实录及反思 ······················· 143
  第四节 "三角形面积的计算"教学案例与反思 ··················· 150
  第五节 "学生喜欢这样学"教学案例与反思 ····················· 152

参考文献 ·· 155

第一章　课堂教学方法概述

教学方法对完成教学任务、实现教学目的具有重大意义。当确定了教学目的，并有了相应的教学内容之后，就必须有富有成效的教学法，否则，完成教学任务、实现教学目的就要落空。由此可见，教学方法就一定意义来说是关系着教学成败的重要问题。

第一节　教学方法的概念

迄今为止，人们对教学方法的认识不尽统一，给教学方法所下定义也各不相同，具有代表性的观点就有如下一些。

达尼洛夫、叶希波夫认为："教学方法是指教师的工作方式和由教师领导的学生的工作方式，借助于这些工作方式，可以使学生掌握知识、技能和技巧，还可以形成他们的共产主义世界观和发展他们的认识能力。❶"

我国学者王策三认为："可以把教学方法定义为：为达到教学目的，实现教学内容，运用教学手段而进行的，由教学原则指导的，一整套方式组成的，师生相互作用的活动。❷"吴杰主编的《教学论》中写道："教学方法是教师与学生为实现教学目的，完成教学任务所采用的途径和程序。"而唐文中主编的《教学论》则提出："教学方法是师生为达到一定教学目标而采取的相互关联的动作体

---

❶ 达尼洛夫曾于1957年与叶希波夫合写过一本《教学论》，在"教学原则"一章中，提出教学的科学性原则、系统性原则、理论联系实际的原则、教学中学生的自觉性和积极性原则、教学的直观性原则、学生掌握知识的巩固性原则、教学的可接受性原则、在对班集体进行教学的条件下对学生进行个别指导的原则等八条教学原则。

❷ 出自《教学论稿》，2000年出版。

系（包括内隐的和外显的动作）。"在李秉德主编的《教学论》中则写道："教学方法，是在教学过程中，教师和学生为实现教学目的、完成教学任务而采取的教与学相互作用的活动方式的总称。"刘继武则认为："教学方法是师生为了完成教学任务所采用的一系列教学活动方式的组合，它包括教师所采用的教的方法和在教师指导下学生所采用的相应的学的方法。"

由此可见，尽管中外学者对教学方法的界定不尽相同，但在以下几点上却是取得了共识的：①教学方法与教学目的相联系，是实现教学目的不可或缺的工具；②教学方法是师生共同完成教学活动所采用的手段，而并非单指教师的工作方法；③教学方法的功能是多方面的，既可凭借教学方法使学生掌握知识、技能和技巧，也可凭借教学方法使学生形成思想品质和审美观点，发展他们的能力和创造素质。这些共识的取得，为我们进一步深入探讨教学方法奠定了基础。

本书把教学方法定义为：教师和学生为了实现共同的教学目标，完成共同的教学任务，在教学过程中运用的方式与手段的总称。对此可以从以下三个方面来理解。

（1）是指具体的教学方法，从属于教学方法论，是教学方法论的一个层面。教学方法论由教学方法指导思想、基本方法、具体方法、教学方式四个层面组成。

（2）教学方法包括教师教的方法（教授法）和学生学的方法（学习方法）两大方面，是教授方法与学习方法的统一。教授法必须依据学习法，否则便会因缺乏针对性和可行性而不能有效地达到预期的目的。但由于教师在教学过程中处于主导地位，所以在教法与学法中，教法处于主导地位。

（3）教学方法不同于教学方式，但与教学方式有着密切的联系。教学方式是构成教学方法的细节，是运用各种教学方法的技术。一方面，任何一种教学方法都由一系列的教学方式组成，可以分解为多种教学方式。另一方面，教学方法是一连串有目的的活动，能独立完成某项教学任务；而教学方式只被运用于教学方法中，并为促成教学方法所要完成的教学任务服务，其本身不能完成一项教学任务。

第二节 教学方法的分类和特点

一、教学方法的分类

(一) 教学方法分类的意义

教学实践、教学实验中创造出来的教学方法是相当多的。"传统"的不说，仅冠之以"现代"教学方法的就有数十种之多：发现法、解决课题法、自然法和自治教学法、问题讨论法、问题教学法、范例教学法、暗示教学法、潜科学教学法（姑且不论其是否属于同一层次的"方法"）。

可以断言，随着教育理论、教学手段的发展，新的教学方法还将层出不穷。要把握这么多的教学方法，对于从事教学实践的人来说并非易事。

这么多名称迥异的教学方法，其特点、职能、起作用的条件、适用的范围却可能是相同或交叉重叠的，有必要将具有同类特点的方法合并在一起，"以便更好地分析、认识它们，掌握它们各自的特点、起作用的范围和条件，以及它们发展运动的规律"。

教学论至今还没有能提供一个较理想的分类框架，不同的学者运用了不同的分类标准，使分类问题显得十分复杂。

(二) 教学方法的具体分类

1. 教法、学法各自独立的二分法分类

①属于教法的有：讲授、演示等；②属于学法的有：听、记、练习、观察等。这种分类方法看到了教法与学法的区别，但未能看到二者之间的联系。

2. 由学法分类导出教法的分类

有的人认为大体有5类基本的学习方法，与之相对应的也有5种基本的教学方法：①模仿的学习方法→示范教学方法；②抽象概括的学习方法→概括教学方法；③解决问题的学习方法→求解教学方法；④逻辑推理的学习方法→推理教学方法；⑤总结提高的学习方法→反馈教学方法。

3. 根据掌握知识的基本阶段和任务的分类

传统教学论中对教学方法就是这样分类的：①保证学生积极地感知和理解新教材的教学方法；②巩固和提高知识、技能和技巧的教学方法；③学生知识、技能技巧的检查。

4. 根据教学方法的形态分类

这是我国教学论中常用的一种分类，它以学生认识活动的不同形态作为分类标准：①以语言传递为主的教学方法（包括讲授法、谈话法、讨论法、读书指导法等）；②直观演示的教学方法（包括演示法、参观法）；③实际训练的教学方法（包括练习法、实习法、实验法）；④情境陶冶的教学方法。

5. 根据学习的不同结果分类

根据学习结果分类有：①使学生获得明确观念的教学手段；②提出新的或不同材料的教学手段；③告诉学生怎样做的教学手段；④影响或改变态度、思想、鉴赏力的教学手段；⑤使学生产生安定感的教学手段；⑥激发动机的教学手段；⑦评价或测定的教学手段；⑧激起、引导或缓和感情的教学手段。

6. 根据学生认识活动的特点（思维活动的再现性和创造性）分类

这是教学方法所做的一种分类：①图例讲解法（也称信息接受法）；②复现法；③问题叙述法；④局部探求法；⑤研究法。

7. 根据活动的过程分类

根据活动的过程——引起、调整、控制三个因素，教学方法可相应地分为三大类：①教学认识活动的组织和进行的方法（知觉、逻辑认识、实习）；②刺激和形成学习动机的方法（兴趣、责任）；③检查方法（口头的、直接的、实际操作的）。

(三) 关于教学方法综合分类的设想

国内外教学方法分类研究有如下的趋势：①由单纯指向学生认知活动到兼顾教学的情意活动；②由单纯重视教学方法的结构和外部形态到重视教学方法的功能和理论内涵；③由单维划分向多维综合分类发展；④由对常用教学方法分类到兼容国内外教改中涌现的新方法；⑤由单纯重视经验性归类到致力于从理论上建构教学方法体系等。

在这里，我们提出教学方法综合分类的设想，认为教学方法具有整体性和多侧面性，单一标准的分类不足以反映教学方法的全貌。使用综合标准分类，可使分类结果互相补充，便于教师从多种角度认识和把握教学方法，更好地为教学实践服务。

（1）根据教学方法对应教育阶段的不同分类，可将教学方法分为：①小学教学方法；②中学教学方法；③大学教学方法等。这种分类揭示了教学方法的不同层次，有助于我们认识教学方法在各教育阶段的特点，更好地提高各级学校教师运用教学方法的水平和效率。

（2）根据教学方法的功能目标不同分类，可将教学方法分为：①德育教学方法；②智育教学方法；③体育教学方法；④美育教学方法；⑤劳动技术教育教学方法等。这种分类揭示了教学是全面发展教育共同的实施途径，教学方法具有实现各种任务的功能目标，克服那种只有智育中有教学方法，谈教学方法只限于智育范畴的片面认识，以及将智育方法等同于教学方法，从而窄化了教学方法的功能目标的错误做法。

（3）根据教学方法适用学科性质的不同分类，可将教学方法分为：①社会科学学科教学方法，如语文课教学方法、政治课教学方法、历史课教学方法、外语课教学方法等；②自然科学学科教学方法，如数学课教学方法、物理课教学方法、化学课教学方法、生物课教学方法等；③其他学科教学方法等，这种分类揭示了学科性质对教学方法的制约，有助于教师认识教学方法适用学科特点，更好地把握自己所教学科教学方法的特殊规律。

（4）根据教学方法使学生获得学习结果的不同分类，可将教学方法分为：①使学生获得认知方面发展的教学方法；②使学生获得情意方面发展的教学方法；③使学生获得技能方面发展的教学方法等。这种分类可以帮助教师全面认识教学方法在促进学生所有方面发展中的作用，克服以往教学方法分类多单纯指向认知领域的片面性。

（5）根据教学方法的操作主体的不同分类，可将教学方法分为：①教师为主的教学方法；②学生为主的教学方法；③师生合作的教学方法等。这种分类可以增强教学方法操作者的主体意识，提高驾驭教学方法的能力水平，使教学方法的运用达到出神入化的艺术境界。

（6）根据教学方法的适用对象范围分类，可将教学方法分为：①个别教学方法；②伙伴教学方法；③小组教学方法；④班级教学方法等。这种分类揭示了对象范围对教学方法的制约，有助于教师根据教学对象范围的不同选用不同的教学方法，增强教学方法的对象感和适应性。

（7）根据教学方法传递教学信息的流向分类，可将教学方法分为：①单向传输的教学方法；②双向对话的教学方法；③多向交流的教学方法等。这种分类揭示了教学方法传递教学信息的流向特点，便于教师根据实际需要选用不同的教学方法，实现师生之间有效的信息沟通活动。

（8）根据教学方法的不同形态和性质分类，可将教学方法分为：①语言性教学方法；②直观性教学方法；③实践性教学方法；④陶冶性教学方法；⑤探究性教学方法等。这种分类揭示了教学方法的不同形态和性质，便于教师在实践中认识、掌握和操作运用，使教学方法与各类课堂教学方法性质教学活动相对应，从而富有成效。

二、教学方法的特点

教学方法的特点是由其本质所决定并在实践中表现出来的教学方法外部特征，一般认为教学方法具有如下几方面基本特点：

1. 实践性

教学方法与教学实践紧密相连，其工具性质显而易见。教学方法的基本精神、影响媒介、作用方式、具体步骤、详细要求等，都是可以操作的。同时，教学方法的实践效果，又是检验其优劣的重要指标。但是必须指出的是，教学方法绝不是单纯的技巧问题，它实质上反映着教师的教学思想和能力水平。

2. 多样性

教学方法是多种多样的，组成丰富博大的"方法库"，以供教师教学时选择使用。因为每种方法都有其独特功能，适用于所有教学条件的万能方法是不存在的。只有多样化的教学方法才能帮助教师顺利达成所有教学目的。正如巴班斯基所说："教学方法是师生为达到教育和培养人的目的而进行的相互联系活动的方式。由于活动的方式和性质是多方面的，所以，教学方法也是多种多样的。因而，企图制定经常使用的、数目有限的几种教学方法是错误的。"

3. 继承性

教学方法也和其他教育现象一样，具有历史继承性。古今中外教育家在长期的教学实践中，为了提高教学实效，非常重视教学方法的探讨，并且积累了相当丰富而宝贵的实践经验。其中有些在一定程度上反映了教学的客观规律，至今仍具生命力，值得我们认真总结、整理，并借鉴其合理的部分。任何新的教学方法都不可能从零开始，它必然要从多方面吸收和利用以往旧的、传统的教学方法中的一切有价值的成分。

4. 发展性

任何教学方法体系都不是永远固定不变的。在具体教学实践中，教师必须根据变化了的时代精神、内容性质和对象特点等客观条件，勇于开拓，推陈出新，使教学方法更能适应教学的实际要求。目前教学实践的困惑在强烈呼唤着新的、更有效的教学方法的出现。教学方法的发展，还包括对传统教学方法的挖潜、改造、互相补充和综合利用，因而它同教学方法的运用是紧密联系的。

第三节 教学方法的意义和作用

一、教学方法的意义

方法名称是根据教师或学生的工作形式形成的这样一种外部特征。根据教学方法的名称，可以判断教学过程参加者的活动方式。教学的成败在很大程度上取决于教师是否能妥善地选择教学方法。知识的明确性、具体性、根据性、有效性、可信性有赖于对教学方法的有效利用。乌申斯基从教学方法能影响思维过程并影响学生求知主动性的观点出发，对之做了详细的研究。教学方法对于教学学习技能和技巧，特别是学习实际应用知识的技能起着重要的作用。

当前科技的进步、生产的发展、国家的富强，都要求各项工作讲求效益、提高效率。教学工作同样要求讲求效益、提高效率，但不能简单地依靠增大教师劳动强度和增加学生课业负担来提高教学质量。研究和改进教学方法，这对工作中少走弯路，用较少的时间、精力和物力取得最佳的教学效果，是具有重要意义的一环。

　　用什么样的教学方法教学生，对于把学生培养成为什么样的人，也具有重要作用。教师的教法制约着学生的学法，同时对学生智力的发展、人格的形成具有重要作用。教师的教学，经常采用注入式的教学方法，课上教师念笔记，学生必然要采取死记硬背的学习方法。课上老师讲授，学生听受，不给学生以独立思考与独立活动的机会，学生就会缺乏主动性、独立性和创造性，就很难培养出一批勇于思考，勇于探索，勇于创新的人才。列宁在《青年团的任务》中谈到怎样学习时，就一再痛斥"死记硬背"书本这种脱离实际的学习方式，认为这样只能培养出"书呆子"。他提出了共产主义者就应"理论联系实际"，使学生所获得的知识要经过"深思熟虑，融会贯通"。可见是否用科学的教学方法，是关系到能否使学生成为具有聪明才智、科学头脑的合格人才的重要问题之一。

　　怎样评估教学方法的作用，对此国外学者的观点可以分为三种：①教学方法的虚无主义者，认为教学法毫无实践意义；②教学方法的盲目崇拜主义者，认为教学方法可以完全决定教学效果；③教学方法的客观主义者，认为没有适合教材本质的、适合于有生命、有思想、有感觉、正在发展中的人的本质的教学方法，一堂课就不可能获得成效。"但是教学方法本身并不是一种力量，它仅仅是表现师生双方之力量的潜在的可能性。"

　　目前国外普遍认为，教学方法的客观主义者的观点更客观、更符合实际。认为只有良好的教学方法，才能有良好的课堂气氛，有了良好课堂气氛，才能使学生在认识活动中产生愉快感，才能激起和发展学生的智力。教学方法不好，学生的学习方法和思想方法就灵活不了，智力就发达不了。

二、教学方法的作用

　　教学方法是完成教学任务、实现教学目标和提高教学质量的关键所在。完成教学任务需要有一定的教学方法。在教学的目标、任务、内容确定以后，教师能否恰当地选用教学方法，就成为其能否完成任务、实现预期目标的决定性因素。同样的，教学内容在不同的教师中效果差异很大的原因，除了教师的知识水平和教学态度外，关键是教学方法的问题。许多教师在教学工作中取得的突出成就，大都受益于他们对教学方法的创造性运用和刻意探求。

用什么样的教学方法教学，不仅影响着学生对知识和技能的掌握情况，而且对学生智能和个性的发展也有重大的影响。教师的教学方法不科学，就很难使学生形成科学的头脑，使学生掌握科学的学习方法。我们可以从宏观和微观两个角度考查教学方法的作用。

1. 宏观角度的考查

教学方法是教学过程最重要的组成部分之一，如果没有运用适当的教学方法，也就不可能实现教学的目的和任务，进而也就影响整个教学系统功能的实现。

2. 微观角度的考查

教学方法涉及有普遍性的课堂变量，即学生的准备状态、动机作用、呈现的步骤与设施，强化、智慧和情绪方面的功能，以及个人的满足。具体来说，任何教学方法的目的都在于唤起学生做好学习准备，维持他们的注意力与兴趣，以能为所有学生接受的方式呈现教材，运用强化来调节学生的行为，解决可能妨碍教与学的智慧问题和情绪问题，尽量扩大因学习成就带来的满足感。

第二章 小学课堂教学的创新理论

传统的教学只重视知识的传承，而忽视知识的获得过程和方法，以功利性为价值取向，以传授、灌输为特征，以学生掌握知识量的多少即知识记忆为重点，以分数的高低作为衡量学生学习状况的唯一依据，强调师道尊严，课堂教学死板，学生被动接受，师生双方都不敢也不能"标新立异"，导致课堂教学缺乏生命的活力，学生动手能力、实践能力、创新能力严重不足，学生缺乏个性。而21世纪是一个日益科技化和国际化的时代，要求人们对大量信息给予独立判断，有效筛选和整合，呼唤人们关注生存、关注发展、关注自身的力量与价值，呼唤人们以开放的姿态面对变革，更好地完善自我。也就是说，现代社会的发展迫切要求人们加速人的自主探索性并正确发挥其作用。因此，培养学生自主探索能力就成为中小学教育发展的必然选择。

第一节 鼓励学生自主探究

在教育教学中"培养学生的创新精神和实践能力"，是当今教育界的热门话题，就广大教师来说，关键的是在实践中如何操作，即在实践中探索创新教育的方法、途径，在自己的课堂实践中真正落实创新教育要求。综观课堂教学现状，反思课堂教学效果，对照时代要求，我们认为：合理运用迁移规律，引导学生加强认知结构的建构，让学生自主探索，将极大地促进创新教育的实施。

一、迁移、建构、自主探索就是创新

学校中的创新教育是一种培养创新精神、创新思维、创新人格的教育，重

在引导学生运用已有知识来分析研究面临的事实和问题，能找到解释这些事实或解决这些问题的新思路、新方法、新理论，这种创新有别于科学家们那种高层次的创新。迁移，即"先前的学习对于以后的学习所产生的某种影响"，可能是积极的，也可能是消极的。迁移能力的强弱在于学生运用旧知掌握新知，在于学生在问题情境中运用所学知识、已有素质，产生预期新行为、新变化的多少。建构，强调自身认知结构的重组，有同化、顺应两个基本环节。所谓"同化"，是指当主客体在相互作用下，新的刺激与儿童原有的认知结构相符合时，它被纳入原有的认知结构，并充实与完善原有的认知结构。所谓"顺应"是指新的刺激如果与儿童原有的认知结构不符合，就要进行调整，甚至改组，重建新的认知结构。同化是认知结构数量的扩充，顺应则是认知结构性质的改变。

自主探索，强调要让学生充分地自主探索，真正实现自我发现。通过自主地学习、探索（主要是操作、合作、自悟、沟通、交流等）解决问题，提升自我，多形式、多角度地充分展示，从而学会审视、学会分析、学会思维、学会探索、学会创新。

迁移教学、建构教学、自主探索教学，其核心都是要让学生在原有基础上有所发展、有所创新，其本质是一致的，符合创新教育的时代要求，也自然成为创新教育实施的切入口和重要途径。

（一）迁移、建构、自主探索在课堂教学实施中基石应是一致的

迁移、建构、自主探索教学强调以学生原有认知基础为基石，展开教学。迁移必须先掌握好学习内容上同类或类似的内容才能实现迁移，特别强调学生掌握基本的概括、思维、应用、研究的方法等；建构，也必须在已有的知识和经验基础上，找准新旧知识的连接点、不同点和新知的生长点，才能完成新的认知结构的建构，新的知识、技能等才能纳入原有知识或能力体系，达到创新的最终目的；自主探索也有一个探索的起点问题，这也就是学生原有的基础，否则探索要么是无意义的，要么是不成功的。

迁移、建构、自主探索教学都强调学生积极的心向，充分发挥学生学习的自主性。迁移教学中，学生必须有强烈的迁移意识，才能实现新旧知识或能力的沟通，迁移才会成功；建构，学生必须将其所获得的新知识与已有的知识经验建立实质性联系；自主探索教学，"教师和学生要建立一种新的关系，从'独奏者'的角色过渡到'伴奏者'的角色，从此不再主要是传授知识而是帮助学生去发现、组织和管理知识，引导他们而非塑造他们"。要让学生去探索、去发现，学生愿意去探索，有积极的探索心是前提。课堂教学中，只有充分发挥学生学习的主动性、积极性、创造性，把机会留给学生，把空间让给学生，把愉悦还给学生，创新教育才能实现，迁移教学或建构教学、自主探索教学才是有意义和有价值的。

迁移、建构、自主探索教学都强调教师的角色地位和作用的转变。教师的角色地位转为帮助者、合作者、伙伴、辅导者，再也不是权威、指挥，其作用也重在"点""导"上体现。

（二）迁移、建构、自主探索在创新的课堂教学中是"融合"的

"为迁移而教"是培养学生创造力的教学策略之一，教的出发点是学习的迁移，教的终极点是为了学习的迁移，教学目的是达到学习的迁移，衡量教的效果也只能是学习的迁移，我们认为"为迁移而教"，虽有一定的局限性，但其对培养学生的创新能力无疑是有巨大作用的。

建构教学强调学习者以已有知识和经验为基础，主动建构并形成良好的认知结构，能否成功富有成效，根据美国著名心理学家奥苏伯尔的研究，取决于三个认知变量：可利用性、可辨别性和稳定性。因此，广大教师在引导时要找准新旧知识的连接点，不同点和新知的生长点。教学时要抓住新旧知识的连接点，推陈出新，激活旧知，缩短新旧知识的距离，为学习新知做好准备；要启发学生从原有认知结构中找出新知的生长点，利用旧知获取新知，为学生的主动建构架桥铺路，还要抓住新旧知识的不同点，引发认知冲突，为学习新知创设情境，激发学生的学习兴趣，引发和保持学生的学习动机。

自主探索教学，强调诱导学生积极参与，让学生处于激情状态，让学生主动探索，在探索中求知，在发现中提高。教师要针对教学重点、难点、疑点，精心组织，让学生选择、判断、反思、演示、操作、表演等，充分展示自我，学会创新，从中获得成功的情感体验，享受创新的乐趣，为更高层次的学习做好铺垫。

在实际的教育教学实践中，三者是互相交融、融会贯通的，我们应积极地吸收各种教学的合理见解，充分考虑到学生学习的实际，考虑到不同年龄、不同地区、不同班级学生的具体情况，取其精华进行"大融合"，创立具有自身特色、符合马克思主义的现代教学理论，创立有利于创新教育实施的教学体系，把我们的学生培养成既具有高尚的道德品质又具有创新精神和实践能力，在未来的国际竞争中处于领先地位的一代。

（三）迁移、建构、自主探索都是创新的课堂教学策略

迁移教学要正确运用迁移规律，促进学生迁移的实现。教师应重组教材，综合新旧知识，引导学生动手动脑；利用新旧知识点的不同，引导分析；注重联系，严密思维；加强反馈，点拨路径；归纳提示，实现迁移，学生应努力在新旧知识、能力的沟通上架设一座"迁移桥梁"，获得解决问题的策略，善于发现并抓住学习情境中的关系，学会抓住和分析问题的本质特征；排除思维定式和学习方法的不利影响，促进迁移的"即时"实现。

建构教学，倡导认知灵活性理论和随机通达学习，强调自上而下的教学设计及知识结构的网络概念，重视情景性支架式教学，突出学习环境中情境、协作、交流、意义建构的四大要素，其策略无疑是值得研究的。

自主探索课堂教学，明确提出操作中贯彻主体性原则、开放性原则、探索性原则、创新性原则等，要求做到：课堂具有民主、和谐、宽松的氛围，学生有较多的思考、提问、操作的机会，学习目标切合学生实际，具有灵活性；课堂上学生思维活跃，展示充分，学习过程清晰，具有变通性，手段多样，具有时空广阔性；学生探索时机多，过程清、方法活，能自己发现规律，将有助于课堂教学的变革。

我们广大教师应坚持以学生发展为本的思想，着眼于为社会培养合格人才，为学生走向社会寻求立足点，满足人自身发展的内在精神需求。改革课堂教学，准确把握教育理论，灵活运用各种教学策略，把保护儿童的创造欲望和创新精神放在重要的位置，为学生的创新精神创设适宜的"温床"，为培养学生创新精神和实践能力做出自己的努力。

现代教学从以获取知识为首要目标转变为关注学生的全面发展，给学生创造一个有利于他们生动活泼、主动发展的教育环境，为培养学生的创新意识和实践能力而教，为促进学生的发展而教。因此教学中应注重引导学生自主探索，培养学生创新意识。

二、激发兴趣

(一) 营造鼓励探索的学习氛围

要让学生积极自主地探索，让学生真正"动"起来，"活"起来，教师就应改变教学观念，创设一种适合学生自主探索的学习氛围，让每个学生能够在一种自信、成功、愉悦的氛围中主动探索、主动发展。

1. 消除心理障碍，树立学生学习的自信心

在课堂上，为什么有不少学生不敢上讲台主动尝试？为什么不敢大胆发言回答问题？因为传统的教学使许多学生在心理上存在本能的情绪性的障碍：唯恐做得不好、怕丢面子、生怕答错了被人嘲笑，等等。教师要突破传统的"师道尊严"，让学生有大胆讲话的"安全感"，树立学生敢于向权威、书本和老师的观点质疑的信心。课堂上教师打破原有的"条条框框"，让他们有心理表达的充分自由，允许学生的"答非所问"，允许学生"插嘴"，允许学生想回答就站起来回答，等等。通过这些规定，让学生敢说、愿意说，激发学生主动探索的欲望。

2. 鼓励乐思善辩，调动学生积极的学习情感

学生的学习应有积极的态度。没有积极的态度，根本谈不上主动探索。在课堂上教师应该及时抓住时机，不断激发和诱导，对学生的思考、质疑、辩论进行及时引导，对学生学习的水平、态度、情感进行适时、恰当的评价和热情鼓励，和学生建立起一种亲密伙伴式的教学关系，让学生拥有良好的外部学习环境，让学生在课堂上投入、兴奋、专注，在"乐思善辩"中造就学生的探索精神和参与意识，获得发展的能力。

3. 提倡质疑问难，创设宽松的学习环境

教师要充分发挥学生的主体作用，提倡质疑问难，鼓励学生提出各种问题，即使是稀奇古怪的问题，教师也要热情地给予支持和解答。教师鼓励学生有不同的思路，鼓励学生用自己喜欢的方式思考，有了这种宽松的学习氛围，学生自主意识也随之增强，教师和学生的关系就成为一个共同的目标，从而建立起一种新型的合作关系，这样学生才能真正实现主动探索，主动学习。

(二)灵活运用，设计适合探索的学习内容

传统教材中较少为学生提供主动探索的问题情境，这就需要教师灵活运用教材、调整教材、重视教材内容，充分挖掘教材中让学生探究的因素，创造性地设计，去促进学生自主探索学习。

1. 注重提问的探索性

苏霍姆林斯基说："在人的心灵深处，都有一种根深蒂固的需要，就是希望自己是一个发现者、研究者，而在儿童的精神世界里，这种需要特别强烈。❶"因此，在教学过程中，强调的应是"发现"知识的过程，而不是简单地获取知识的结果，设计的教学问题必须具有探索性，要能激发起学生探索的愿望，为学生积极参加探索提供条件。

如在教学"小数的性质"时，教师出示"1、1、1"，问："三个'1'相等吗？"学生回答："是相等的"。再出示"1、10、100"这三个数，问："相等吗？"学生回答："不相等"，老师在这三个数之间画上等号，说："你能有什么方法使它们也相等呢？"这种富有开放性、探索性的提问深深吸引了学生，激起学生积极思考、主动探究的欲望。

2. 注重内容的趣味性

发挥学生的主动性，关键在于引起学生学习的兴趣，要根据儿童活泼好动、好奇心强、富于幻想的特点，创设情境，选择新颖有趣的问题，吸引学生主动探索。

如有位老师在教"分数的基本性质"时，设计了这样一个情境：猴山上的猴子最喜欢吃猴王做的饼，有一天，猴王做了三块大小一样的饼分给小猴们吃。它先把第一块平均分成4份，给了猴甲一块。猴乙说："太少了，我要两块。"猴丙说："我要三块。"教师的问题是：用什么方法能满足三只小猴的愿望而又分给它们一样多的饼呢？学过了"分数的基本性质"后，学生能清楚地知道该如何分。这种生动有趣的情境，就会激发学生兴趣，引发学生思考。

3. 注重来源的生活性

数学知识来源于生活，应用于生活。因此教学中应让学生感觉到生活中处处有数学，在具体的生活、实践活动中主动学习，掌握数学知识，悟得解决问

---

❶ 《给教师的建议》是苏霍姆林斯基教育经典系列中的一本，2021年由长江文艺出版社出版。

题的策略。

如在学习"长方形的周长时",可以利用体育活动课上让两个学生沿学校的两个花坛(长方形花坛)跑一圈,问谁跑得路程多些,大家是怎样判断的?学生纷纷提出了测量的方法。在动手测量后再让学生想一想有几种方法计算,哪一种方法最简便。学生在活动中很自然地理解了周长的概念,学会了计算方法。这种教学活动不仅使学生掌握了数学知识,而且提高了学生的动手能力和用数学眼光思考、探索生活问题和解决生活问题的能力。

4. 注重问题的开放性

要培养学生探索学习的能力,就要给学生提供探索创造的空间,设计一些开放性、选择性的问题,引导学生多思多问,进行比较选择,敢于打破常规去分析、去思考,促使学生去探究、去创新。

如在学习"归一"应用题后,先出示情景图如下:一袋布娃娃(2个)共60元,一版电池(4节)共12元,一盒铅笔(10支)共20元,然后设计两道综合性练习题。

问题1:小红想买4个布娃娃,她只有100元,够不够呢?你对她有什么建议?学生从不同的角度去思考:比单价、比总价、比数量,并提出好多建议:有的说你可以去买25元一个的布娃娃,正好买4个;有的说你就买3个布娃娃吧,多10元再买5支铅笔,等等。

问题2:妈妈给你50元钱去买这些东西,你准备怎样用,设计一个方案并说出设计理由。

这些题的功能已不仅仅是掌握归一应用题知识,而是培养了学生综合观察、处理信息、灵活思维的能力。

(三)动手实践,让学生主动参与探索过程

培养学生自主探索学习能力和创新意识的关键是学生的实践活动,教师要依据教材设计学生的活动,让学生看一看、想一想、试一试、做一做,使学生在探索的过程中学会探索,掌握探索的方法,让学生通过主动探索来感受数学、发现数学,在解决问题过程中唤起成功的体验,培养学生主动发现问题、积极探索的创新意识。

1. 在活动中探索知识,理解知识

在教学中,教师可以创设一定的活动情境,以此让学生去探索实践,更好理解知识,激发学生学习兴趣和求知欲。如教学"厘米和分米的认识",先让学生用尺子量一量橡皮的长、宽、厚,发现长不到2cm,宽不到1cm,厚不到0.5cm时,从而产生了学习比厘米小的长度单位的心理愿望,在这一活动中不仅引发学生学习新知的欲望,同时在探索中也揭示了知识产生的过程。

2. 在活动中自觉感知,探索运用

学生在教师的引导下,主动运用感觉器官进行看、听、触、摸等探索活动,可以让数学事实、数学现象、数学在生活中的原型在学生的头脑中得到反映。比如说在教学长方体的特征时,让学生用刀去切马铃薯,切第一刀形成一个"面",切第二刀时两个面相交形成一条"棱",切第三刀时帮助学生理解"顶点",学生在活动中就获得了大量丰富的直接经验。

3. 在活动中练习应用,提高能力

采用活动的形式,可以内化、巩固知识,运用所学的知识解决实际问题,进一步提高学生探索学习能力。如学习了长方形面积计算公式后,教师可以出示这样一道题:要给教室里两扇向阳的窗户做窗帘,至少需要多少平方米的布?学生在课后先量一量窗户的长和宽,求出面积$1.8 \times 1.5 \times 2=5.4(m^2)$。但一个学生很快发现,这样买的布太少,会遮不住太阳,应多买些。究竟买多少呢?可以让学生到窗帘店去看一看,才发现市场上的布料宽度各种各样,并且和窗户不一致,还需要根据窗户选择合适的布幅,通过这一系列活动,提高了学生解决实际问题的能力。

(四) 多种途径,努力提高学生探索学习的能力

1. 培养学生的问题意识

问题意识是指学生在学习过程中,经常会意识到一种难以解决的、疑惑的实际问题,从而能产生一种怀疑、困惑、探索的心理状态,这种心理状态又驱使他积极思考,不断地提出问题和解决问题。因此培养学生自觉的、强烈的问题意识,促进学生探索能力的提高。

在教学中,教师要创设民主、平等、和谐的课堂氛围,促使学生思维活跃,使他们的注意力高度集中在如何提问、质疑、分析、探索概括上,使问题意识得到激活和强化；教师还应采用启发式教育方式，精心设置问题情境，以"置疑"开路，在平常处设问，在无疑处生疑，养成学生多思好问的习惯，并要启迪学生标新立异，鼓励学生大胆猜想，不断提高学生探索能力。

2. 培养学生自主学习的意识

探索、发现能力的培养离不开学生主体地位和主体意识，教师应随时对学生进行自主、独立意识的培养，学生有了独立自主学习的意识，才能在活动中探索、发现，才能在活动中迸发出智慧的闪光点。

因此，在教学中教师不能急于把知识结论和规律告诉学生，而要为学生创设独立学习的机会，创设思维的时间和空间，提供学生探索发现的机会。在教学中应让学生多预习、多尝试、多实践，坚持凡是学生自己能懂的教师决不讲，凡是学生能讲的教师决不说，凡是学生能做的教师决不做。教师则帮助学生合理地控制自己的学习行为，自觉地进行学习，使他们能够主动、科学地支配学习时间，正确地把握学习策略。

3. 培养学生合作探索意识

探索活动不应是个体孤立的探索，而是要依靠班级中的群体力量进行探究，因为在科技发展的时代，既要竞争，又要合作，任何创造发明都离不开群体合作。因此教师要鼓励学生小组合作讨论并解决问题，引发学生讨论，让学生在合作中讨论，在讨论中合作。在合作中学会倾听、比较、筛选、归纳，从而不断提高探索能力。

4. 培养学生坚持探究的意识

爱因斯坦讲过："优秀的性格和钢铁般的意志比智慧和博学更重要。"这就是说，坚强的意志是探索成功的关键，因此在教学过程中，教师应有意创设一些逆境，适当地给学生有一定难度的探索活动，使其身临其境，受到艰难困苦的磨炼。同时，不要惧怕学生独立探究过程中的认知错误，对学生而言，从个体错误中获得的东西，可能要比轻而易举得到的东西深刻，教师要调动学生的认知、心理、情感因素，树立足够的勇气，增强学生探索的内趋力，培养学生遇到困难不低头，遇到挫折不灰心，坚持探索的品质。

总之，要培养学生的探索学习能力和创新意识，在课堂中，教师要处处以学生为主体，学生能独立思考的，教师绝不要提示或暗示；学生能自己得出的，教师绝不要代替。这样的教学，虽然看似只教一点，甚至在某些方面失去一点，但对学生的探索能力、创新能力的培养大有益处。

第二节 思维能力训练

一、思维训练教学概说

(一) 新课程理念

1. 新课程基础教育改革的目标

进入21世纪，新课程为教学改革提出了新的教学任务和要求，基础教育改革提出六项目标：①主动学习、学会学习：改变课程过于注重知识传授的影响，强调形成积极主动的学习态度，使获得基础知识与基本技能的过程同时成为学会学习和形成正确价值观的过程。②课程的整合性：改变课程结构过于强调学科本位、门类过多和缺乏整合的现状，使课程结构具有均衡性、综合性和选择性。③联系生活实际学习、最近发展区、关注人文性和终身学习：改变课程内容繁、难、偏、旧和偏重书本知识的现状，加强课程内容与学生生活以及现代社会科技发展的联系，关注学生的学习兴趣和经验，精选终身学习必备的基础知识和技能。④参与、探究、互动、动手、交流、合作、信息、能力：改变课程实施过于强调接受学习、死记硬背、机械训练的现状，倡导学生主动参与、乐于探究、勤于动手，培养学生搜集和处理信息的能力、获取新知识的能力、分析和解决问题的能力，以及交流与合作的能力。⑤评价促发展．改变课程评价过分强调评价的甄别与选拔的功能，发挥评价促进学生发展、教师提高和改进教学实践的功能。⑥校本特色：改变课程管理过于集中的状况，实行国家、地方、学校三级课程管理，增强课程对地方、学校及学生的适应性。

2. 新课程标准对语文教育的有关阐述

（1）语文教育现状和问题。忽视主体的需求和特点；片面强调实用功能，偏重技术分析，忽视作品对学生的熏陶感染和人文精神的培养，削弱了语言的积累和语感的培养；不恰当地强化了课程的抽象性和客观性，忽视了语文作品的形象性和阅读表达中个人感受的独特性。

（2）语文教育基本理念。全面提高学生的语文素养。语文课程性质是工具性（培养学生语文的运用能力和实践性）和人文性（对学生的思想熏陶感染的文化功能和人文学科特点）的统一；思想性与审美性统一。语文教育的特点：①丰富的人文内涵。过去醉心于数量化、标准化，理性分析，把对物理世界处理问题的方法拿到精神世界上来，背离了语文教育特点，降低了语文教育的效率，伤害了学生在语文学习中的兴趣和创新意识。语文课程中有大量形象的、带有个人色彩的情感和主观色彩内容。但是，由于人的经验、知识、生活环境、体悟角度不同（差异），个人会有不同的感受，"有一千个读者就有一千个哈姆莱特"。所以，要提倡师生平等对话，尊重学生的独特的情感体验和有独创性的理解。②语文教育有很强的实践性。语文课不是把学生个个培养成语文老师、语言学家或文学家。不宜追求知识系统完整性。而且，大多数学生难以达到。③学生学习母语重在情感把握，培养语感。④根据汉语汉字的特点，注重学生对词语的结构、含义、用法的整体把握能力，教师应研究汉字学习规律，研究识字写字与阅读写作教学以及发展学生思维各个环节之间的联系，加强综合，以提高教学效率。

（3）语文课程总目标：①强调了学生在语文学习中的主体地位。②凸显了现代社会对语文能力的新要求。③突出了语文课程的实践性本质。④积极倡导自主、合作、探究学习方式。

（4）积极倡导自主、合作、探究学习方式。自主学习是：学习主体有明确的学习目标，对学习内容和学习过程具有自觉的意识和反应的学习方式。其表现是：支配和控制自己学习的选择权利；自我监控、自我指导、自我强化；掌握学习方法和良好学习习惯（兴趣、好奇心、求知欲）。

合作学习：指为完成共同任务有明确的分工的互助，人与人、群体与群体、人与自然合作，还有对活动成效的评估。

倡导新型的学习方式，鼓励帮助学生自己探究学习，探索解决问题的方法，寻找答案，摸索适合自己的获得新知（对自己）的方法、途径，即独立发现、自主发展（可从与别人答案不一致中找经验）；要鼓励学生敢于说出与别人不一样的想法，支持学生寻求新解，让学生在探究中体验获得新知的能力和乐趣。要

素有：问题性，实践性，参与性，开放性。(探究不是科研，不要将科学研究的方式让学生去做)

接受学习产生被动性、强制性、简单重复性，要改变。教师的责任是：鼓励帮助学生自己探索问题、探索解决问题、寻找答案，鼓励探索问题的方法，获取"新知"(对他们自己)。

建设开放有活力的语文课程：增强资源意识(学习运用；课内课外)；改革的现代意识(对传统审视筛选，指向未来)；营造创新氛围(启迪、探索、提倡、鼓励、赞许、理解、宽容)。

3. 新课程关于阅读理念实施建议

一般阅读是指搜索处理信息、认识世界、发展思维、获得审美体验，它的理论基础是"对话理论"。实际上，阅读是人与人之间的对话和交流，双向互动的思维碰撞和心灵交流。现代阅读学强调阅读是读者和文本相互作用、共同建构意义的动态过程。不论是编写者，还是执行者，就文本展开的讨论是建设性的平等对话。

第一，要重视学生主体地位，对话的中心是学生个人，要让学生自己学会阅读，语文课不是教本，而是读本。

第二，要重视学生的独特感受，不要刻意追求标准答案，阅读是学生主动的发现、建构意义，甚至创造意义的过程。

第二，教师是阅读活动的组织者、学生阅读的促进者，也是阅读中的对话者之一，谈话法是教师设套(预想答案)，学生猜测，不可取；阅读活动也包括学生之间的对话，教师不能包办代替(否则，课堂死气沉沉)，轻松、和谐、活跃的学习氛围才能建立，有利于激活学生思维和想象力。

第四，阅读是读者与文本互相作用过程：①鼓励学生想象，独立反思。实行阅读需求的多样性，阅读心理的独特性。将"教本"改为"读本"，建立学生主体地位。②重视学生独立感受和体验。阅读是学生"主动发现建构意义和创造意义"。③教师是中介，不能取代学生主体地位。由此可见，教师教学观念和方法要随之改变，像指导自主学习、开展探索学习等。④阅读情感：发现阅读之美、发展个性特长、尊重每个学生、承认差异。教学活动多样，如读、演、画、唱、比赛。

第五，关于阅读能力包括：①浏览、略读、捕捉信息、直觉思维等。②重视学生的阅读感受和体验。阅读使学生行为个性化，不能以教师的分析（教师谈自己的阅读体会）来代替学生的阅读实践。

学生阅读定义是：理解书中主要内容，体味和推敲重要词句在语言环境中的意义和作用。阅读要素主要有：拓宽视野、心得、疑问、评价、体验、思考、欣赏品位、档案信息和制订计划。

第六，关于阅读分析，给出如下几点要求：

去掉"段落"概念。概括段意改为把握内容、体会情感。领悟写什么、怎样写、要求学生"敢于提出自己的看法、做出自己的判断，鼓励学生独立思考，求异创新，促进个性发展"。

去掉"概括中心思想"提出"体会作者思想感情"。概括是理性判断，要准确言传，体会则是通过多种渠道可获得；概括重结果，体会重过程；概括要求规范统一，不考虑个体差异，体会重自主感悟、自由表达，关照个体差异。

提倡有创意的阅读。有创意的阅读指以下几点：①"对不理解的提出疑问"，学贵知疑，提问才能锻炼抓要点、抓关键，要提出有价值的问题。提问的好处是：锻炼思维、学会思考、表达、交际、交流、建立自信心等。②"推想有关词句意思，体会其表达效果"推想是建立在儿童自己初步感受、理解的基础之上。包括猜测、假想等。③切实发挥主体性："在交流和讨论中敢于提出自己的看法做出自己的判断"。④开放式阅读："利用信息渠道尝试探究性阅读"自己解决。⑤"对课文内容和表达有自己的心得，能提出自己的看法和疑问，并运用合作方式，共同探索疑难问题"。

第七，关于作文：激发兴趣和自信心（我要写、我能写）；发展个性，培养创造精神，运用联想和想象；重视自己修改；语言能力和思维能力同步发展。

第八，关于综合性学习：①突出综合。学习目标综合，包括知识和能力、过程和方法、情感态度和价值观三个目标的综合，以及跨领域学习目标的综合和学习方式的综合。②加强实践。重探究、重应用；重过程、重参与；重方法、重体验。③强调"自主"阅读，建议如下：推荐—思考—写作；阅读交流活动。

语文实践活动：①探索应用；②过程参与；③方法体验；④强调自主；⑤方式多样。

教学技能开发项目建议：①指导口语交际（创设情境；能言善劝；能言善辩；双向互动；联系生活）；②组织合作学习（不走形式，真正合作）；③指导读书（指导学法、实现自主学习）；④引导感悟；⑤鼓励学生有自己独到的见解。

新课程的理念，对教育的要求充满着新世纪的时代气息。如果对新课程的精神理解了，我们就会发现，新课程的改革是一个系统工程，这项改革任重而道远，需要上下左右多方面配合，并且要经过长时间坚持不懈的努力，才能实现新课程要求的艰巨任务。

(二) 智能、智力、智慧之间的关系

总之，新课程理念与智慧开发的教学密切相关，只有紧紧抓住思维训练的教学，才能贯彻新课程改革的理念，培养出具有良好语文素养的高质量人才。心理学和思维学理论认为，人的智力有先天和后天之分，人的智力是可以开发的，人的思维能力大小不是与生俱来，而是可以经过训练增强的。

思维训练对提高学习者的素质十分重要。教育改革必须着眼于培养人的素质，而素质教育归根结底就是开发人的智慧的教育。人们常说智能、智力、智慧，什么是智能、智力和智慧？这三者是什么关系呢？依据田运的《思维论》我们做一简要说明。

思维学理论和思维科学研究指明：智能、智力和智慧开发既有联系又有区别。智能的范围最大，包括人的大脑、某些动物的大脑和无生命的电脑。智力包括人的大脑和某些动物的大脑。智慧只包括人的大脑，而且是一部分人的大脑，因为人并不都具有智慧的大脑。智慧是高明意识的外化。高明的意识产生智慧，低劣意识产生顽愚。智慧包括有真、善、美的内容。真是符合客观真实；善是行为能够造福人类社会；美是具有魅力的内容。

智力开发是智慧开发的基础，智慧开发培养人才是教育的最终目的。由此看来开发人的智慧，培养高素质人才，对于教育来讲应该是极为值得重视的课题。

需要指出的是，思维训练和智慧开发有层级性。智慧是一个人的禀赋，较智力层次更高。它表现为人对事物的认识、辨析、判断处理和发明创造力。其中，科学智慧是智慧的高层次，它有很高的智慧价值，在思维训练智慧开发教学活动中，科学智慧是教育追求的最终目标。提高人的思维能力，开发人的智慧，与运用思维策略教学的关系是怎样的呢？我们从思维训练的总体框架中可见一斑（图2-1）。

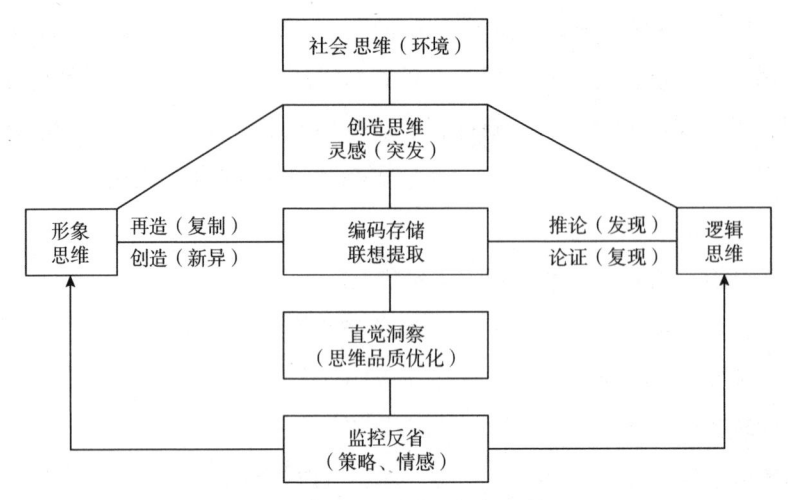

图 2-1　智慧开发的全脑思维训练图示

由图 2-1 可知：思维训练、智慧开发是对主体进行系统教育训练工程。

创造思维是人类思维的高级过程，它与创造活动紧密联系在一起，具有社会价值的新颖、独特的特点。创造思维得益于全脑配合，即形象思维、逻辑思维紧密联系，以及人的非智力因素参与。创造与灵感相关，灵感是人类创造性认识活动中一种奇妙的精神现象，无数科学家都赞叹灵感在创造活动中的神奇作用。灵感具有突发性、突变性、突破性。捕获灵感也是创造思维训练的重要内容之一。

直觉是对面前出现的事物及所要解决的问题有一种直接的敏锐的洞察。它不同于灵感，灵感有发现的突然性，直觉思维有随机性、跳跃性特点。它跳过许多思维细节，思考路线短，直接得出确定性结论，直觉思维得益于思维品质的优化。直觉和灵感有极强的"穿透力"，是捕获新思想、新认识，解决"问题"的理想思维方式。

联想是从一种事物想到另一种事物，通过联想可建立事物之间的联系，是内化存储信息和外化编码提取信息的重要方式。联想的前提是大脑中必须存储丰富的知识和经验，否则什么信息也提取不出来。联想种类很多，如接近联想、因果联想、相似联想、意义联想、对比联想等。联想的广度、深度和速度决定着大脑提取信息、建立事物联系的质量。

监控反省是监视反馈、控制调节之意。监控是人类自身建立在信息反馈基础上进行的动态思维过程，主体思维不停，监控不止，高水平的监控决定着高水平思维。实施监控必须有良好的心境，精力集中、排除干扰。高水平学识和经验是成功监控的基础。

人类个体自我监控能力是建立在高度发达与完善的人脑生理物质基础之上的自我意识行为。监控水平是主体由幼稚走向成熟的标志。策略和情感是思维监控的两大方面。

情感与情绪通常作为同一概念使用。主体对情感也可以调节和调制，情感思维的核心是理智，主体情感经历一个"孕育—激发—控制—调节"的过程。

策略是主体支配自己思维过程内部组织起来的技能。认知策略是处理内部世界的能力，是自我控制与调节能力。情感和策略是思维训练、开发智慧的两大方面，它们决定着思维训练和开发智慧的成败。

综上所述，可以看出，开展思维训练，开发人的智慧，实现全脑开发，是进行素质教育、培养世纪人才，全面贯彻教育方针的正确途径。而对学生进行思维策略训练则是开展素质教育、实现学生发展的重要方面。

二、掌握思维训练技能

思维训练是智力开发的组成部分，是智慧开发的基本方式之一。

思维是人脑的理性意识活动，通俗解释就是人的"想或思考"，想与思考的过程就是思维过程。

在心理学中，思维指的是人脑对客体的反映。从思维信息论方面说，是指人脑对信息进行加工的过程。思维是人脑复杂的物质活动，是人认识事物的高级形式，是认识能力的核心。我国思维学家田运说："成也思维，败也思维。"这说明思维反映了人的心理发展水平和人的智慧水平，所以说，要培养高素质人才，实现素质教育，就要高度重视对儿童能力的培养，其中的关键是对思维能力的培养、对智慧的开发。

思维训练又称思维教学，指有计划有目的地为增强思维能力，提高思维品质所进行的训练。思维训练把思维当作一种技能，可通过技能训练获得并增强和改善人的思维品质。

思维训练的机理是：人脑总体神经元减去用于躯体功能部分后，尚有大量待开发的神经元，具有巨大潜力；天赋遗传素质仅提供思维和智力发展的可能性，大脑对于思维的先天性影响较之后天教育训练的影响要小得多。

思维训练教学的功能是：思维训练可以促进学生掌握思维方法；引导学生构建合理的认知结构，培养学生良好的思维品质；激发学生掌握思维方法、技能的兴趣；促进学生间人际沟通，利于积极思维，开发学生智慧。

从教学结构和学习过程特点上看，思维教学主要经历以下阶段：

(一) 创设情景、诱导思维意识

思维要创设一个良好的环境。《辞海》对"环境"一词的解释是"周围事物的总和"。从思维学观点看，在人的头脑和意识之外，世界的一切都是思维主体的环境，如生物环境、人类环境等。环境是思维训练的外部条件，是外因。环境对思维的发生和发展有制约和调控作用。学生的思维受制于环境，也能发挥主观能动性改变环境。课堂教学的人文环境要有利于思维的氛围，即民主、合作、愉快、和谐的学习气氛，这对于发挥学生思维积极性、产生灵感和发挥创造力十分有利。

思维意识是思维的起点。高明的意识通过行为表现出来就是智慧。所以指导思维要对学生进行思维意识的训练。调动学生思维意识要破除思维障碍，如定势思维、惯性思维和迷信思想。只有破除思维障碍学生才能产生积极思维的动力。

须知，学生在课堂里学习会有多种心理反应，如不爱学，不会学，学不会，今天的内容太难了，由此产生畏难情绪；或者是，今天先放松一下，明天再学也不迟，想法五花八门。教师必须将学生的学习意识集中统一到教学目标上来，这就是高明的教学艺术性，其中激起学生的好奇心，就是重要的教学策略之一。好奇心是人遇到外界新奇事物刺激引起注意、操作等行为的内在心理动力。在思维教学中，教师给出的信息刺激越新奇、越复杂，学生就越好奇，越不顾一切地去满足自己的好奇心。学生有好奇心和求知欲，就有思维动力。

思维意识对学习者十分重要，包括对信息的警觉性、主动探究性。表现在对认知内容不保守、不迷信，敢于向书本挑战，向权威挑战，善于打破定势思维，不断发现新的问题，勤于探究，勇于进取。我国著名教育改革家魏书生为了帮助学生树立信心，他每次上课开始，都让学生站起来，挺起胸来大喊三声："我能成功！"魏老师说："喊的过程也是自我解放的过程，上课前挺起胸大喊出声，可以克服自卑感。"创设情景、启动思维意识的思维训练过程中，教师必须要考虑给定的思维材料的信息性质，这是开展思维教学的关键点。

(二) 引导预测和假设

"凡事预则立"，预测和假设是人们认识事物开始的重要思维活动。预测和假设是指思维解题活动开始对学习结果进行预料和推测以及探知运用思维工具或策略解决问题的学习活动，这是教师指导学生形成解决问题之前的开端思想。敢于预测和假设是具有严谨的逻辑思维和大胆想象创造的表现，这是教师指导学法，培养学生探究能力的重要环节，阅读的预测，做数学证明题之前的假设等。

"大胆假设，小心求证"是说做学问要敢想，在大胆设想的基础上还要用科学的方法验证，这是实事求是的做法。美国心理学家布鲁纳曾提出利用假设的概念形成理论。这个理论认为，概念形成的过程是对假设进行考验的过程。人已获得的知识或当前得到的信息构成了一个解决问题的假设库。人在解决概念形成问题时，对任何一个刺激的反应，都会从假设库中提出一个或几个假设，并对其进行考验。这种假设考验说已成为认知心理学关于概念形成的主要理论。

进行创造性解题，培养创造思维能力要在破除思维障碍的前提下运用假设。大胆想象，设想解题思路和策略，这是锻炼思维能力的重要手段。

(三) 指导思维步骤和程序

思维要有序，不能胡思乱想，程序思维是人脑对客观事物进行反映的有序化的集合。程序思维是将问题分成许多小的指令，系统排列起来，以便于思维。程序思维有利于提高分析能力。教学中，教师根据教材和学生实际巧妙设计思维程序，能收到事半功倍的效果。

思维步骤和程序由学生依据认知经验自己设定，如果学生自己不能解决，可以由教师提供进行掌握程序的教学。语文阅读程序的设计上，心理学家对阅读策略（SQ3R 技术）建设如下：①浏览：略读全文，把握大意；②就学习材料关键部分提出问题；③带着问题阅读课文；④试用自己的话回答问题；⑤尝试回忆阅读过的材料。事实证明，这个阅读程序对读书是十分有用的。

在程序思维训练中，教师要注意引导学生发散思维，排除定势思维的干扰，鼓励发散思维，以利于创造性思维能力的发挥。

(四) 启发联想和想象

联想和想象是人们进行思维的重要能力，没有联想和想象思维就不能进行。比如逻辑思考，就要靠联想建立起各个概念之间的联系，然后进行逻辑推理，推理的结果是建立某种事物的形象，这要由想象完成。

通过联想建立事物联系，可以提高学习者搜索信息的能力。搜索是指学习者凭借自己脑内原有的积累的资料信息和对外界捕获的资料信息获得解题线索，有人工搜索、资料搜索和脑力搜索三大方面。人工搜索指凭借人的器官直接搜索解题线索，如观察。资料搜索是指利用查询方式获得解题线索，如网络查询。脑力搜索是凭借学习者的脑内积累知识信息，运用联想建立程序寻找解题线索。如果一种搜索方式不能提供足够的解题信息线索，则可以运用多种信息搜索方式结合进行。

培养学生搜索信息的能力，有时需要教师提供思路，但是不能一味传授，关键是培养联想能力，如接近联想、因果联想、对比联想、意义联想、相似联想等。

想象，有再造想象和创造想象两种类型。捕获解题信息与再造想象相关，是指捕获解题事实、方法和思想，即通过联想搜索首先找到事实或数据，在此基础上找到正确的方法，进而产生新的形象，得到新的结论性知识，如概念、规律、定理、结论等。善于创造想象才能提高创造能力，教师要启发学生运用形象思维解决问题的直观性、形象性，提高学生的实践能力与创新能力。想象具有跳跃性、多维性、突发性、情感性等特点，培养学生的创造想象能力靠教师点化、启发，提供开窍信息。课堂教学中练习的方式很多，如续写故事结尾、改编故事、填补空白、写想象作文、写科幻故事、一题多解、图形解题、实验解题、探究新算法等。

思维训练的关键是教学生会思维，运用提问启发学习者积极思维是指导思维的重要手段。罗伯特·斯滕伯格（Robert J. Sternberg）《思维教学》一书中曾谈到三种教学策略：以讲课为基础的照本宣科策略，以事实为基础的问答策略和以思维为基础的问答策略。这三种策略对培养学生的思维能力各有不同的教学效果，作者认为以第三种策略为最高明。如（美）斯腾伯格对认知思维能力提出应具备的七种技能：问题的确定，程序的选择，信息的表征，策略的形成，资源的分配，问题解决的监控，问题解决的评价。

关于提问策略，北京教育学院组织编写的《微格教学教程》中介绍了两类思维教学策略：

策略一是培养学生认知思维层次水平的提问：①简单提问，确认事实；②理解提问，掌握学习材料；③综合提问，培养创造思维能力；④评价提问，培养反思监控思维的能力。

策略二是培养学生思维品质的提问：①诱导提问、启动思维意识；②疏导提问，启迪思维条理性和发散性；③对比提问，培养思维的深刻性；④迂回提问，培养思维的灵活性和创造性。

从教学实践看，上述指导思维的策略是有效可行的。实践证明：利用启发提问是点拨、提供开窍信息的有效方法，高明的教师还放手让学生质疑提问，以此培养学生的创造能力。

(五) 提供监控平台

监控是思维技能训练的重要环节。思维技能的掌握和某些思维经验、知识、方法及学习情感的提升效果如何，要经过验证、检验。检验有思维题检验、问卷检验、实验验证等多种形式。

思维不停，监控不止。教师必须为学生提供反思监控的平台，指导学生自己会反思监控自身的思维，这是高水平思维教学的重要环节。

综上所述，概括地说，思维训练是遵循思维规律，采用相应的方法、内容、手段，按一定的程序训练人的思维器官、思维心理、思维能力、思维品质等，使受训者准确获取知识和解决问题的能力的一种教育过程。

第三节　师生互动策略

随着新课程改革的实施，小学的教学质量日益提升，师生之间的交往和互动是教育中的重要环节。教师通过课堂这个舞台，以知识作为媒介和学生进行沟通和交流，使课堂的教学活动变得精彩，进而了解学生的学习状况和学习质量。小学教育应该注重师生互动，互动论原本是当代社会学的一种重要理论，被借用到教学领域中来，便有了师生互动教学策略。什么是"师生互动"？有人认为在课堂中，师生保持"零距离接触"，学生回答教师的问题、做教师要求做的事，只要有这种共同活动就是师生互动。显然，这种认识是肤浅的，这将使师生互动流于形式。正确认识师生互动的内在含义才能科学地指导教师在课堂教学中实施师生互动。

一、小学课堂师生互动现状

新课程实施以来，师生互动不仅在课堂教学实践中日益受到关注和重视，也在基础教育研究中成为一个探讨的热点话题。但是现今教学课堂中，师生互动存在着过于注重形式化、互动内容狭窄、学生受教机会不均等等问题。

小学教学是整个教育最基础的阶段，小学教学过程由于缺少师生之间的交流和互动，导致课堂教学出现死板、不活跃的现象。现在，师生互动还处于老师提出问题，点名进行回答，或者教师板书，学生死记硬背的模式，大大降低了学生对学习的兴趣。教师的提问作用发挥太小，有些问题得不到学生的配合，经常答非所问或者无人回答，造成课堂冷场。实际的互动过程中，教师并不能调动学生研究知识的积极性，也不能了解学生的学习进度，盲目地与优等生进行教学互动，忽视了其他学生的学习进度，经常发生以偏概全的现象，不顾学生的感受，教学效果较差。

二、师生互动对于小学教学课堂的意义

师生关系的好坏直接影响教育结果，而且还对教学效果起到制约作用。那

种"独白式"的教育教学与教师权威式的讲解都不可能产生有效的互动模式，良好的心理环境和宽松的外部条件才能为师生互动创造良好条件。良好的师生关系是现在人际关系的重要组成部分，它直接影响学生自主学习的积极性和课堂的教学效果。课堂教学中，教师的角色要淡化，要和学生成为朋友一起学习，努力建立平等、和谐、民主的师生关系，从而引导学生学习的自主性。因此，建立生态课堂"对话式"教育是师生有效互动的基础，建立良好的师生关系，对学生的学习和教师的教学至关重要。

教师应该支持课堂师生之间和学生之间的互动，在整个学习中，教师作为组织者负责整个教学，为学生提供一个"想说就说"的机会，让学生保持一种轻松的学习状态。互动中，每个学生之间的交流机会都是平等的，教师支持和鼓励学生找到适合自己的学习方法，有利于小学生的健康心理发展，更有利于培养和提高他们的交往能力和合作精神。教师应该正确引导学生养成良好的倾听习惯，并且在师生之间和学生之间建立相互的尊重和彼此的信任。

课堂教学中，教师往往忽视了互动总结，这容易让学生很快忘记学习中的互动过程。因此，教学结束后，教师要进行合理总结，通过对知识结构的认识，让学生对整节课的知识结构和互动过程有个更深刻的印象。教师可以根据课堂实验进行互动效果总结，发现其中的问题，解决学生的问题，让整个班级的成绩比较集中，提高学生的学习效率。合理的互动总结不仅对教师今后的课堂有一定帮助，也能让学生有明确的教学重心，有利于提升学生学习的兴趣。

随着新课程改革力度的不断加强，如何在小学教育教学中培养具有创新意识、探究能力的高素质学生，已经成为小学教育迫在眉睫的问题。对此，教师必须与新课改同行、与《新课程标准》(简称《新课标》)俱进，落实好"教师为主导，学生为主体"的教学方式方法。课堂不是教师独自表演、展示的舞台，而是师生之间交往、互动的舞台，通过师生、生生之间以知识为介质进行的沟通与交流，能让教师了解学生的学习状况、进度和学习质量，从而根据实际需求进行有效调节，提升教育教学的有效性。

综上所述，课堂是师生之间相互交流的舞台，并不是教师权威展示的舞台。小学教学中，师生有效互动能够增加学生探索问题的多样性，加强学生的认知能力，培养学生的自主学习能力，更能加强师生之间的情感交流，从而提高学习氛围，提升教学质量，使学生有自己的独特认知。

三、师生互动的特点

(一) 自主性

师生互动可以使学生最大程度地参与教学的全过程，保证了学生在学习中的主体作用。他们在课堂中充分发表意见，大胆质疑，求异创新，有一个自主学习、自主发展的机会，有利于个性发展。课堂教学成了学生成果的展现，学生受到极大鼓舞，他们的创造力被进一步开发出来。

(二) 综合性

师生互动在课堂教学中有着非常重要的意义，而且师生互动的综合性也体现在课堂教学的多个方面，包括知识综合、能力综合、活动的综合等。

1. 知识综合

师生互动不但要求学生具备学科知识，还要具备如何质疑、如何观察、如何调查、如何社交等方面的知识。

2. 能力综合

不但要具有一般的学习能力，还要具有获取信息的能力、研究问题的能力、归纳信息的能力。

3. 活动综合

不但有师生的教学活动，还有个体活动、群体活动、理论探讨活动、实践调查活动、经验积累活动、开拓创新活动等综合性的活动。

(三) 研究探索性

师生互动教学策略对传统的教学方式进行了重大的改革，师生共同建立起平等、民主、教学相长的教学过程，教师成了课堂的组织者和发动者，教学的重心不再仅仅放在传授知识上，而是放在注重培养学生独立思考、自主学习的能力上，放在有效地提高学生分析、解决实际问题的能力上。学生在课堂上的重心也不再仅仅放在获取知识上，而是转到学会学习、掌握学习方法上，从被动的接受式学习转向主动的探索学习，在学习中联系实际，通过亲身体验，去感受、理解知识的产生和发展的过程，积累和丰富直接经验，从而培养创新精神、实践教学方法课程教育研究能力和终身学习的能力。在教学过程中实现师生互动，就必须明确怎样才算是成功的师生互动。教学的成效不是以教师传授了什么，而是以学生学会了什么、对学生的发展产生了什么影响来衡量。师生互动的根本目的是要引导和培养学生的积极思维。因此，师生互动是否成功就要看学生是否在进行积极思维。学生高度集中的注意力、高涨而稳定的情绪和坚定的解题意志都是积极思维的表现。

四、构建新型师生互动模式的策略

（一）灵活组织学习材料，创设学习情境

心理学研究证明：小学生正处于由具体形象思维向抽象逻辑思维转变的过渡阶段，在教学过程中就不可避免地存在着知识的抽象概括性与儿童思维的具体形象性之间的矛盾，这一矛盾也正是阻碍师生互动的根本所在。因此在教学中组织学习资料时，就要紧密联系学生实际，创造性地使用好教材。开发和利用各种教学资源，选择贴近学生实际生活、生动有趣的素材，并以丰富多彩、活泼形象的形式呈现于学生面前，为学生提供积极探索与合作交流的更大的空间，调动学生学习的积极性，促使学生主动参与到学习活动之中。

（二）形成自主探究的学习方法，构建教学模型

形成自主探究的学习方法，就是要在教学过程中激发学生的学习动机。促进教学诸因素之间互动交往，进而促进学生主动探究所学知识。由于学生所处的家庭背景、文化环境、自身思维方式的不同，他们的学习活动也是一个生动活泼、主动而富有个性的过程，只有形成自主探究与合作学习的能力，才能有效地促进学习过程中多方面的交流、交换、交往，以及相互活动、相互作用、相互促进，达到有效学习的目的。

（三）优化教学结构，形成良好心理准备

教学结构就是在教学过程中，教师通过有计划、有目的、有步骤的组织，促进教学内部诸因素间形成比较稳定的联系，进而产生积极的整体效应。教学结构的优化，不仅决定着教学环节能否自然流畅，时刻体现学生现时需要，也决定着教学诸因素的交往是否协调发展，是促进互动交往的关键。教学结构优化包括教师、学生、教材、多媒体之间的横向组织结构的优化，也包括激活学生内部动力，引导学生参与学习活动的纵向结构的优化。优化横向结构就是要

在教学活动的全部环节，充分发挥教师、学生、多媒体间优化组合的整体效应，把整体教学、小组学习、个体学习及个别指导等方面有机组合，恰当协调，以保证每个学生获得更多的学习机会，掌握最适合于他的学习方法，最终达到不同水平的学生都能得到最大的进步。优化纵向结构就是要在教学活动中，从学生原有基础知识和智能水平出发，根据学生的实际需要对教学过程进行调控，把抽象的、形式化的知识建立在学生生动、丰富的生活背景之上，使学生从知识、情感、态度等方面形成积极的心理准备。及时洞察学生心理和遇到的困难，加以指导，积极鼓励。尽可能地提高学生参与学习活动的机会，调动学生思维积极性，提高学生探究能力，保证教学活动的最优化。

（四）运用合作策略，实现和谐互动

教师作为教学活动的策划者和组织者，可以运用人际合作的教学策略，进一步提高学生参与互动的积极性和自觉性，实现和谐的师生互动。人际合作也包括语言合作、环境合作、个群合作三个方面。

1. 语言合作

课堂教学中的师生互动，总是在具体的情境中以特定的行为方式进行的。这就要求教师必须根据学生的特点掌握这种语言交际过程。首先，教师要给学生表达自己看法的机会；其次，要针对学生的想法发表自己的意见；最后，要肯定学生想法中的优点，并对错误进行指正，鼓励他们大胆创新。

2. 环境合作

教师要创设有利于人际合作的课堂环境。可以改变传统的"秧田式"布局，根据课堂教学实际情况的需要，或围成半圆形，或组成马蹄形，或前后座组成"O"形，或全班围坐，使学生既能面对老师，又能面对同学，不仅通过言谈，而且通过眼神、面部表情、身体姿势等，沟通信息，交流思想，扩大师生互动的参与面。

3. 个群合作

参与课堂教学活动的人可分为三部分：教师个体、学生个体、学生群体。可以组成五种类型的互动交往类型，基本上是师生互动、生生互动，群体之间互动较少，这不利于学生主体性、积极性以及集体教育力量的发挥。因此，教师应多创造有利于开展生生互动、群体互动的环境，如开展小组讨论、互批作业、小组互查、小组竞赛等，促进群体之间的交流与沟通，使师生之间、生生之间的协作精神得到发挥。总之，教学是一个师生双方的互动过程，师生两方积极性的充分发挥与协调配合，是教学成功的重要前提。教学中的师生互动说到底就是要改变"满堂灌"的注入式教学，让学生切实成为课堂的真正主人。因此，只有变教师的"独角戏"为师生的"交响乐"，并让互动成为其中的主旋律，师生才能在和谐配合的过程中更好地教和更好地学。

五、小学教学活动中实现师生互动的方法

从教学过程的角度去实现师生互动，首要的就是要准确把握师生互动活动的切入点——学习兴趣点和探究点。把握学生学习过程中的兴趣点，兴趣是学生积极主动参与学习活动的心理倾向，是推动他们进行学习活动的内在动力。教学中，教师要善于抓住学生学习过程中的"兴趣点"，让它成为师生展开有效互动所必需的动力。把握学生学习过程中的探究点，一般来说，整堂课中的探究点就是这节课的教学重点，教师的一些关键的教学设计都是围绕如何去突破探究重点的。为了达到理想的师生互动效果，在找到师生互动切入点和探究点的基础上，还需要在教学过程中，针对教学内容采取有效的师生互动途径和方法。

（一）设计合理的教学方案，营造自主学习空间

在小学课堂教学中，师生互动过程中可能会产生哪种"化学反应"、产生什么样的问题是无从预料的，所以应在教学活动开展之前，结合教学情况设计教学方案，确保教学活动能够朝着预先设定的目标发展，实施开放式的教学形式，营造轻松、欢快的自主学习空间。基于此，首先，教师应充分发挥自身教学实践经验以及智慧，采取有效措施来应对课堂上可能出现的变化，教师需要灵活应变，及时有效地应对教学活动中出现的突发状况，有针对性地进行解决，只有这样才能保证课堂教学活动有效开展。其次，在课堂教学活动开展中，教师需要掌握说话的分寸。由于小学生自身年龄较小，认知水平较低，如果教师对其要求过高可能会造成其心灵的创伤，丧失对学习的兴趣，反之如果对学生过于放纵，会严重影响课堂纪律，降低教学成效。所以，教师应保证说话和行为的分寸，充分了解学生的个性化需求、学习能力以及性格特点，并在此基础上

有针对性地对学生进行教育活动。最后，循序渐进，提升课堂教学成效。构建师生互动型教学模式是一个长期的过程，教师应总结学习规律，为学生认知水平的提升营造良好的环境，调动学生参与积极性，激发学生思考能力和创新能力，掌握全新的理论知识，如在讲授"认识角"一课时，教师可以让学生寻找教室中存在的或大或小的角，引导学生对角两边的直线长短进行分析，是否同角度大小存在关联，通过师生之间的互动交流，能够进一步提升课堂互动效果。

(二) 构建平等对话构建师生互动

小学课堂教学，最主要的是要加强教师和学生之间的互动和交流，在这个过程中，师生之间的关系是平等的。传统教学中，学生在教师的威严下，很难产生有效的互动交流，主要是由于教师这一职业历来具有崇高的地位，师道尊严是不可侵犯的，无论在思想上还是心灵上都存在较大局限性。所以，为了确保小学课堂教学活动的有效开展，提高互动的有效性，需要构建平等对话，为学生营造轻松、欢快的学习环境，促进师生关系融洽。只有师生之间保持平等对话，才能实现真正的交流，促使师生之间思想充分交融，提升课堂教学成效。

(三) 依托于实际生活

在小学教学活动中，由于其自身特性有着较强的实用性。如果课堂教学内容只是停留在教材内容上，将很难有效培养学生举一反三、灵活多变的学习能力，从而对学生未来发展产生不利影响。所以，为了能够更好地激发学生课堂学习的兴趣，需要从实际生活中取材，让学生对生活从感性认知上升到理性认知。如在讲解"人民币兑换"一课时，教师可以模拟菜市场买菜场景，组织学生扮演卖菜的商贩和买菜的消费者，在模拟的过程中了解人民币的兑换。这样做不仅能够为学生带来新鲜感，还能实现课堂教学目的，培养学生良好的学习素养，灵活应用到实际生活中。实现师生互动知识的学习，不是认知、熟记课本现成知识的过程，而是一个从知识的产生到形成规律的认知过程。这就要求教师和学生在实践操作互动过程中，去一起构建、体验、探究知识形成和发展的来龙去脉，从而在熟练使用学习方法的过程中，加深对知识的理解，甚至获取新的知识。以概念形成过程中的师生互动为例，课堂中教学概念的引入，是教学的第一个环节，也是十分重要的环节。概念引入得当，就可以紧紧地围绕课题，充分地激发起学生的兴趣和学习动机，为学生顺利地掌握概念起到奠基作用。事实上，教学概念有很大一部分都是从生活实践中提炼出来的，并且新课程标准强调教学学习要从"学生已有的生活经验出发"，就是让学生学会联系实际地学习，这要求教师要注意在师生互动的过程中设计贴近学生生活的情境，从现实生活中的问题引入数学概念。

(四) 推行小组合作形式

学生之间的交流有助于思维碰撞，产生火花，同样是互动性课堂构建的一个重要内容，合理的小组合作形式不仅能够强化学生的口语交际能力，还能提升学生的自主学习能力，丰富教学内涵。因此，小学教师应组织学生小组合作，为其设置相应的探究性问题，促使学生在轻松的学习氛围中，合作完成探究过程。教师应以旁观者的角色来看待学生小组之间的沟通和交流，对于其中存在的问题予以适当指导，提升互动性课堂的教学成效。如在"圆的周长"教学时，教师可以从圆周率和圆的特征引导学生深入思考，并且借助相应的教学道具来启发学生，最终由小组代表对讨论成果进行汇报，予以纠正和指导，以加强学生的知识记忆能力。

(五) 构建良好的教学氛围

若教学氛围过于呆板、死气沉沉，会严重束缚学生的天性，挫伤学生的学习兴趣，使得在实际教学过程中师生互动不能有效调动学生的学习动力。因此，构建一个良好的教学氛围是非常有必要的。譬如在小学课堂上经常发现有的学生精神疲惫，不能很好地集中注意力，导致学生往往跟不上教学进度。

在这种情况下，如何调动学生的学习兴趣呢？如教学"可能性"时，教师可以拿出10粒糖果，说道："这里有5粒奶糖，5粒巧克力，包装一样，请问最多挑几次才会吃到同样的糖？最少挑几次会吃到同样的糖？答对有奖哦！"利用糖果调动学生兴趣，构建良好的教学氛围。

在学生积极思考的同时，教师在一旁引导，对答错的学生也给予一颗糖的奖励。通过积极的奖励制度，激发学生进行思考，消除学生的疲惫感，将学生的注意力重新集中在教师身上。这种互动模式能够构造良好的教学氛围，通过加强互动，能够促进师生之间的情感交流，能够调动学生的学习兴趣，让学生乐于学习，并让学生了解到学习能够让自己获得收益。

(六) 合理设计问题

在加强师生互动时，问题设计得好坏，会严重影响师生互动的展开质量。通过合理的问题展开，能够有效地展开下一阶段的学习，因此在实际的教学过程中，要对问题进行合理的设计，能够让学生理解，语言要简洁明了，能够让学生充分弄清问题含义。譬如可以做一些关于"找规律"的游戏，在黑板上列出以下几个数列："12358""12349""1248"，通过让学生比较其中的相同和不同，找出类似处和不同处，能够有效地让学生了解数列中各种不同规律的使用。通过学生的求和、求差等四则运算，让学生对数列变化规律进行摸索，促进学生的探究精神。让学生感受到数字变化的无穷，只要弄清楚其中规则就能够以不变应万变，能够洞悉问题的关键要害，通过不断的练习达到庖丁解牛、游刃有余的境界。趣味性问题的设计，能够在引起学生学习兴趣的同时，帮助师生开展互动，教师通过对学生的引导，让学生对所学知识有更深的认识。这样，教师才能根据现有的教学现状，进行合理的规划，制订有效的教学方案。

(七) 加强互动总结

在实际的师生互动过程中，教师往往注重于互动的展开而忘了对互动的总结。这种虎头蛇尾很容易让学生忘记了互动过程中所学的内容，因此在互动结束后，要根据知识体系进行合理的总结，加深学生的学习认知，这样才能让学生对知识结构认识更加清晰。通过对知识结构的反复印证，能让学生对知识结构留下深刻印象。通过对学生进行测试来检验课堂互动的总结效果，我们发现经过总结的班级成绩更加优异，对知识认知更加清晰，做题效率更高。加强互动总结，能够在课堂上解决学生的问题，而不是让学生将问题一直积压着，致使学生的成绩越学越差。因此，要进行合理的互动总结，指出学生的不足，明确学生的长处，通过对互动环节的总结，进行前后呼应，点明教学重点内容，让学生明确教学内容的重心，便于学生展开复习探究，这样才能更好地提高学习效率。

第四节　培养良好习惯

在班级建设中，习惯的培养是一项非常重要的内容。有时智力水平的差异和学生学习成效并不成正比，反而看似资质平平的班级都项项居上，这其中的原因可能是多方面的，但毋庸置疑，良好的行为习惯起着关键性的积极作用。这不得不引起班主任的关注、研究与探索。

当前在独生子女仍然占绝大多数的情况下，一些备受溺爱的"小公主""小王子"们，常常不分场合，不分对象，无拘无束，不懂规矩，不懂礼仪，站没站样，坐没坐样，不会敬礼不会打招呼……行为习惯怎样培养？文明礼貌在哪儿训练？答案只有一个，靠培养，培养的阵地是集体。因为良好的行为习惯是素质教育的重要组成部分，是班级建设的重要方面。

行为习惯包括的内容十分广泛，有学习、生活、礼貌等方面。要培养良好的行为习惯，我们必须从大处着眼，从小事入手，采取既从严训练，又生动活泼的教育手段，使行为习惯落到实处。

一、寓习惯培养于课堂教学之中

在教学中切实加强学生的良好行为习惯是十分重要的。在教学中，要求教师坚持做到充分利用每一个四十分钟，有计划、有目的地培养学生良好的行为习惯。认真倾听是在课堂中最易培养也是最需要培养的良好习惯。

要求学生上课听得进，坐得住。为达到此目标，要求学生坐姿舒服而且正确，听讲时要眼望老师，专心致志，不走神，不做小动作。为此，可以根据儿童精神集中的最佳期，设计有趣的导语，创设多彩的情景，运用有效的教法吸引学生，使他们听得进去。习惯的培养必须伴随着一定的评价方式。为此，第一层任务是定期评选、定期评价方案：优秀的和达标的按等级发一面"小红旗"，每学期评选一次"小红旗少年"，从而将第一层落到实处。第二层要求学生边听边思，边听边记，其实质是强调会听，与第一层次相比，要求高了一步。为了达到这一层次的要求，在低年级开展"请跟老师学说一句话""请跟老师学说几句话"的训练，目的是利用语文课促使学生边听边记，形成听的习惯和初步的能力。第三层要求边听边记忆，听后会评议。在教学中进行恰当的抢答、抢评训练，激发了儿童听的欲望、思的兴趣，极大地促进了听的实效。第四层可采取评读的教法，即听他人读，听后加以分析、评价，然后表达，这是以听为基础，融听、说、读、评为一体的训练。对于其中的优胜者、进步者，在评比台上展示出一面"小红旗"。

二、寓习惯培养于作业指导之中

在培养行为习惯时，立足于抓好开端、训练与评价三方面。培养学生按时、认真地完成作业的习惯，对学生的学习态度和责任感的培养有着特殊的作用。一个从小不认真完成作业的学生，长大很难对事业有高度的责任感，而一位事业上有所成就的人，他的勤奋与认真往往是从小学开始培养起来的。在培养学生按时完成作业方面，可从以下三方面来抓：

（1）措施保证。学生不完成作业的原因是多种多样的，其中"记不清作业"是一种常见的现象。针对这一情况，可给学生统一发本、统一指导，要求学生记日期、记作业，这样既解决了学生、家长的困难，又培养了一种良好的习惯。此外，为了培养学生坚持到底、认真负责的精神，须第二天再检查并记录作业本上家长是否签字。这样，即使家长能够督促学生认真完成作业，还使学生养成良好的写作业的习惯。

（2）强化意志。好习惯的培养只靠措施是不够的，还必须恰如其分地进行思想和意志方面的教育，因为这是一项天长日久的事，所以，要注意启动儿童内在的积极性，引导学生定期给自己挑选有关的"名人佳句"，以激励自己坚持每天认真完成作业。教师还要建立评比台，及时表扬以促进步。

（3）因材施教。教师要精心设计作业，对教材的重点、学习的难点进行设计，并分层次给学生留作业。如一份语文作业可这么留：请 A 组同学写一篇小短文，C 组同学背诵第 13 课课文，而 B 组可自选上述两项之一。这样的好处是，针对性强，减少无效劳动，有利于大面积丰收。

三、寓习惯培养于班级活动之中

良好习惯的养成，不应该忽视另一主体力量——学生自己。通过班集体的正面舆论导向以及学生乐于接受的形式，在学生中开展相互监督、相互帮助的活动，建立相应的机制，往往会取得事半功倍的效果。例如，学生上了四年级以后，因为有新转入的同学说脏话，渐渐地这个不良行为就有同学学习。教师发现之后，应召开班会让同学们出谋划策，设立"脏话回收箱"，同学们只要听到谁说脏话，就可以将说脏话的同学的姓名写在纸条上，投入"收购箱"。每周结束，由"脏话收购员"把收购箱打开，然后将说脏话的同学集中起来学习《小学生日常行为规范》，教他们说文明礼貌用语，给他们讲说脏话的危害。一个多月下来，学生中说脏话的现象基本消失了，人家争着用文明礼貌用语。让学生在集体中接受教育是一条教育原则，教师应灵活地加以运用，发挥学生的主体作用，纠正不良的行为习惯，培养良好的习惯。

必须置于行为训练之中，这是习惯培养中重要的一环。在礼貌教育中，有时学生懂道理，但行动却不一致。有的学生只向教自己的老师打招呼；有的学生只向本校老师打招呼，而见了客人却一走了之；有的学生不会行队礼；有的学生书包书桌乱糟糟。根据这些问题，教师应利用班会时间有计划地对学生进行行为训练，如怎样收拾书包、书桌，人走后书桌上的东西怎样摆放等。教师教，学生示范，全体学生反复练习，做得好的学生纠正还有问题的学生，这样互帮互学，学生完全掌握了之后让组长监督，以促进习惯的落实。有时，让学生互相检查敬队礼是否标准；模拟见到客人应如何接待；让学生演课本剧体验人物情感，学习人物高尚品格，运用生动活泼的方式将行为习惯的养成落到了实处。

总之，要想促进孩子行为习惯的养成，除了使用竞赛手段，充分调动孩子积极性这一常用手段外，还要从儿童实际心理应激结构出发，以正面教育方式为主，采用日常的、多样化的具体方法加强训练，才会收到良好效果。行为习惯的培养绝不是一朝一夕就可以奏效的，一个良好的习惯是千百次训练的结果。训练应是有序的、生动的、扎实的，为此，在训练中教师要抓住儿童的心理特点，持久地开展有关活动，将行为习惯的养成渗透到各个方面、各个渠道。

第五节　关注特殊学生

随着心理学和教育科学的发展，学生行为障碍问题日益引起社会、学校和家长的关注。在整个社会里，表现出行为障碍的学生占一定的比例，如果处理不当，常常会影响学生的学习及心理发展，甚至对成年后人格的塑造都会产生严重的影响。

学生行为障碍的产生原因是错综复杂的，行为障碍的表现也不尽相同，但他们存在着一些共同的特征，通过对个体行为的跟踪研究有助于揭示一般规律。本书即以研究者所在教学班的一个行为障碍学生为研究对象，通过一连串的观察记录、调查与矫正试验，使该学生的行为障碍得到控制。

一、特殊学生问题的成因

研究对象：方同学，性别：男，独生子。父为货车司机，母为营业员，父母离异，母后来改嫁。

医院对该学生做了基本的检测与诊断：①智能测定：智力发展属中上水平，脑电图未见异常。②一般体检：发育尚可，营养佳良。③精神状态：注意力涣散，情绪稳定性差，自控能力低下。

根据医院专家的检测结果得知该学生智力发展为中上水平，神经系统发育均属正常。根据精神状态检查结果，确认该学生存在行为障碍问题。

二、特殊学生行为障碍表现

障碍之一：集中注意力的时间短暂（一节课40分钟，集中注意力大概只有3分钟左右），极易受干扰，上课时，眼睛很少看教师与黑板，学习不能自始至终。

障碍之二：情绪不稳定，易激动，变化迅速且激烈，稍不如意，就发火。例如有一次数学课上，数学老师看他趴在桌子上，就叫了他一声，不料，他却跳起来说，"叫我名字干什么"，边说边摇着桌子。

障碍之三：异常好动，课堂上，经常听到他在座位上发出声音，一会儿是摇桌子，一会儿摇椅子，一会儿玩文具盒，一会儿拍桌子，上课总是做小动作，坐立不安，经常站起来，在教室里随意走动。

障碍之四：缺乏合作意识。与老师合作不好，与同学合作更糟；常打扰同学，有错不肯承认。

障碍之五：不听老师教导，老师问他，他装哑巴，不理睬，还经常打同学。有一次，他跟一位女同学打架，一只手抓住女同学的头发，另一只手握紧拳头，对同学拳打脚踢，凶极了。

三、产生行为障碍的原因剖析

行为障碍的产生原因来自多方面，但主要来自自身内部因素与外部因素两个方面。

(一) 从内部因素分析

1. 智力因素方面

智力是由多种因素构成的，并且每一个构成因素的水平都会影响整个智力的水平，同时还会影响到其他因素的水平。我国学者一般认为构成智力因素要包括观察力、注意力、记忆力、想象力、思维力、创造力六个方面。下面主要从观察力、注意力去分析研究。

(1) 观察力。小学生的观察力特征一般有三个方面，第一方面是对周围的世界感兴趣；第二方面是他们往往不能自觉地、有目的地进行观察；第三个方面是观察往往不持久、不稳定。方同学的观察力尚停留在小学二三年级的水平。他的观察对象只停留在那些动物身上，与学习有关的东西他不感兴趣。

(2) 注意力。小学生注意力的发展已明显具有自己的特点：第一，有意注意正在发展，而无意注意仍起作用。第二，在教学影响下，小学生对抽象的材料的注意正在逐步发展，而具体的、直观的事物在引起学生的注意上，仍然起着重大的作用。第三，小学生的注意力经常带着情绪色彩。根据平时的观察，方同学在注意力方面的障碍是极其严重的，笔者曾向他母亲了解，该孩子的注意力为什么如此差，他母亲讲，他从小就很好动，后来父母关系不和，孩子缺乏管教，造成孩子漫不经心、无的放矢地学习，生活环境的"动乱不堪"，致使他后来变得更加好动。

2. 非智力因素方面

非智力因素就是不直接参与但却制约整个智力或认知活动的心理因素。庞霭梅先生认为非智力因素包括兴趣、需要、动机、情感、意志、性格、态度、理想、信念、世界观等。以下主要从需要和动机以及意志方面去分析研究。

需要产生动机，动机指向目标，目标又会进一步激发动机，以满足人的需要。人的积极性产生和表现在依据需要形成动机、实现目标、满足需要的过程中。一旦人们达到了所期望的目标，需要得到了满足，就会产生愉快满意等积极的情绪体验。但是，正如我们所生存的这个世界并不总是晴日朗朗、和风习习一样，个体在一定动机驱使下指向一定目标的活动也并不总是一帆风顺的。如果动机的结局受到干扰或阻碍，目标无法实现，需要不能满足，就会使人产生紧张、焦虑乃至悲观失望等消极的情绪反应。例如，方同学几次想叫爸妈一起陪他去郊游，都被父母拒绝。方同学的心理有取得成功的需要和动机，但是客观上没有为他提供必要的条件，以致他的郊游心愿成为泡影而没有取得所期望的结果。这时，他就会面临着挫折和失败的考验。方同学经不起失败的考验，对学习、对生活失去了信心，成天闷闷不乐。

意志是人们为了实现预定的目标而自觉调节自己的行动，克服困难，以实现目标的心理过程。意志与克服困难相联系，也就是说，凡是意志行动都必须克服一定的外部困难和内部困难。毫不费力、轻而易举的活动，不是意志活动，意志在学习和智力活动中的作用是十分大。譬如，人在认识过程中，由于意志的作用，知觉很快进入观察，无意注意转化为有意注意，无意识记转化为有意识记，无意回忆转化为追忆，由再造想象过渡到创造想象，由反映性思维过渡到解决问题的思维。方同学在上学期的意志力与其他同学差不多。到了下学期，由于家庭环境、教育环境等发生了变化，他的意志力水平大幅度下降，致使他出现许多不良的心理现象，如情绪不稳定，思想波动大，意志力差，不能自控；对学习没有热情、没有动力，懒于思考，课堂上注意力涣散，感知不准确，作业敷衍；一旦受批评、受委屈，就耿耿于怀，常为小事烦恼，不能自拔，意志消沉。

挫折教育论告诉我们，如果一些矛盾和冲突在人们心理上产生的挫折感过于强烈，超过了他们的承受能力，就会引起心理失衡。长期的心理失衡会逐渐引起心理障碍，甚至导致心理疾病。在方同学的家庭中，孩子得不到应有的关爱，从而出现爱的危机。家庭的残缺往往给孩子的成长带来严重的心理危机，导致产生行为障碍。

(二) 从外部因素分析

1. 社会环境中不良因素的影响

社会风气对学生心理的影响是十分明显的。曾有人说，学生在学校受了五天的正面教育，双休日到社会上泡两天，受到坏的风气影响可以抵消前五天的正面教育，这种现象叫"5+2=0"。我们社会的主流是好的，对学生有积极的影响，但学生尚未真正"懂事"，是非鉴别力差，消极影响一旦符合他们的特点，往往一拍即合，产生极大的心理副作用，影响学生心理健康。

例如电子游戏机房中的消极因素。游乐场所吸引力很大，学生很喜欢去，一旦去玩就忘乎一切，不想回家，甚至上学也常常想起游戏机，造成学习效率低下。学生正长身体、长知识，如果沉迷游戏，则体格不能正常发育，智力得不到培养和发展，学习成绩急剧下降，随之产生厌学、好斗、忧郁等心理障碍。

2. 家庭教育误区的影响

"树大自然直"的错误认知。这类家长错误地认为，孩子大了自然就好了，对孩子完全放任自流、不管不导、不闻不问，以为孩子进了学校，有老师管就行了，家长只需照顾孩子的温饱问题。这些家长对孩子好的方面不去赞扬、奖励、强化，对不良行为不批评教育，不及时纠正。久而久之，孩子便养成一些不良的行为习惯。

父母关系不和的影响。方同学的父母经常吵架，甚至打架、摔东西，方同学先是害怕，时间长了也变得习以为常。父母的不和使原来幸福美满的家变得凄凉，方同学享受不到应有的父爱和母爱，因此他有明显的心理问题，如骄横放纵、打架骂人、不服管教、极度自卑、孤僻等。

3. 学校教育中错误观点和方法的影响

错误的教育方法对学生心理的影响。有的教师对学生缺乏应有的爱，不是耐心细致地进行正面思想教育，而是简单粗暴、讽刺挖苦甚至体罚和变相体罚，对后进生则更加苛刻，甚至赶出学校了事。记得有一次，方同学在上常识课不知犯了什么错误，该任课老师就把他赶回家停课一天，这种做法严重伤害了学生的自尊心。

对学生平时表现观察不细，有问题不引起重视。老师对方同学的不好的变化没有高度重视，对他的不良习惯也没有积极有效地进行矫正，日积月累，方同学就形成了许多心理障碍。

由于以上两方面的原因，学生由原来的活泼天真、热情文明变成了现在远离学习、不求上进。

四、特殊学生问题矫治方法案例

国内外研究资料表明，学生行为障碍的产生与多种因素有关。本书认为采用综合矫正法，效果比较明显。如何综合矫治呢？主要从如下几方面去做：

(一) 多维度给学生以成功的心理支点

1. 情感支点

"人非草木，孰能无情？""感人心者，莫先乎情。"为了使方同学愉快地接受批评，教师首先用一种平等的态度，亲切地询问他形成这些恶习的原因，然后给他订出一个计划，第一个15天改掉第1个不良习惯，第2个15天改掉第2个不良习惯，以此类推，不断地反复，不断地修改计划。只要他改掉一个不良习惯，就给予鼓励。要使他相信并感受到的不光是肯定、鼓励，还有信任、真情、期望。还记得一个早上，笔者出门时随意拿了几颗糖放在包里，想给班上的方同学尝尝，因为这糖的味道不错。一到学校，我看见他坐在座位上读课外书，满心欢喜，走过去对他说："方同学，看你今天表现这么好，送给你几颗糖吃，以后可要继续努力！"说着，我从包里把糖拿了出来，递给他，并亲切地拍了拍他的肩膀。可是他不要，他对我说："老师，我肯定会努力的，等我进步时，你再给我吧！"我笑了笑，轻轻地抚摸着他的头："你已经进步了呀！这就是对你的奖励，以后再努力就是了！""不！我不要！"他还是不要，我对他说："你真的进步了，变乖了，要不我怎么会奖励你呢？"他收了我的奖品，我发现他眼里似乎藏着什么……

第二天一大早，我来到办公室，发现办公桌上放着一大堆各种各样的零食，我正疑惑，同事告诉我，是方同学一大早提来的，我凝视着这些零食，眼眶不禁红了，我似乎看见了他那张纯真无邪的脸庞对着我憨憨一笑。我的心久久不能平静……

2. 信心支点

该支点强调的是从学生容易接受并乐于接受的心理出发，运用学生亲密接近的人和喜闻乐见的事激发学生上进的信心。由于方同学是无论什么课都不认真听的，我首先从我的数学课开始入手，我对他说："你现在的数学成绩顶多是10分的水平，你不难过吗？你想不想提高你的成绩？"他说："想呀。"我又对他讲："从现在开始，在数学课堂中，你要与老师密切配合，通过一学期的努力，你的数学成绩起码能提高到40分。你愿意努力吗？"我们俩紧紧握手，他表示愿意与我配合。从那以后，在数学课上他尽量控制自己，不吵闹，专心听讲，积极发言，他每发言一次，我们全班同学就会给他鼓掌。课后，我在他的身上拍几下，表示赞扬。

3. 兴趣支点

在尊重学生个性心理差异的基础上，引导并培养学生从事自己所喜爱的"第二职业"，这一点尤为重要。兴趣是最好的老师。有经验的老师都知道：只要培养起学生的兴趣，就达到了学好一半知识的目的了。因此，在教育中一旦学生对某学科、某个知识点产生了兴趣且兴趣形成，老师便有义无反顾与责无旁贷的义务去支持他们在发明创造的氛围中尽情遨游。例如，方同学喜欢搞恶作剧，喜欢用吸管装粉笔灰，然后喷射到他不喜欢的老师身上。有一次，恰好被我碰到，我便对他说："我给你出一个今天学的题目，如果能做出来，刚才的事就一笔勾销，如果做不出来，我就要处罚你，你说好不好？"结果他顺利地完成了我所出的题目，然后我再耐心地批评他前面的做法。在平时的日常教学中，我时常运用各种手段培养他的兴趣，现在他学习数学的积极性也越来越高。

4. 真诚支点

"将心比心"，教师只有为学生着想，肯把自己的心理与学生互换一下来考虑问题，才能对学生的缺点或过错做出实事求是的分析，也才能做到正确对待、尊重、谅解学生。我们不妨设身处地为他想一想：各方面都不好是他想要的吗？难道他不想变好吗？他只是还没有发现自己的潜力，对自己没有足够的信心。所以我们应该做的，不是讽刺、挖苦，不应该有丝毫的瞧不起他，而应该实事求是地帮助他做自我分析，让他看到自己的长处，诚心诚意地帮助他找回自信。

（二）家校配合，双管齐下

指导家长认识有行为障碍孩子的一般特征，意识到孩子的行为障碍是一种心理疾病。孩子由于自控、注意等能力低下而出现的不正常行为，往往不是有意所为，而是长时间习得的，因此，也可由学习消除或减弱。从学习理论立场看，行为治疗过程其实是一种特别形式的学习情境，在此学习情境中给予辅导会出现行为的改变。所以，为了使方同学变好这个共同的目的，家校得密切配合。在家，家长要关心疼爱孩子，特别是晚上，不能经常让孩子单独在家里，母亲应尽量抽出时间在家多陪伴孩子，使他感受到家庭的温暖。不要溺爱，不能迁就，而且要少说少代办。少说，是少说唠叨的话，以减少逆反心理，避免矛盾；少代办，是指养成独立自主、自己的事自己完成的习惯，消除依赖思想。

1. 协商制订四步循序渐进的矫治方案

从行为学习的观点看，一个问题存在的时间越长，消退它或减弱它的时间相对也越长。企图用几次谈话、几顿打骂，就使儿童一举改掉数月数年的问题行为，是与人类行为的一般规律不相符的。行为塑造是这样一种技术：如果个体自身的行为贮备库中已经有我们所期望的行为，那么，塑造的任务就是通过若干个中介行为和强化技术使期望的行为稳定地表现出来，因此，辅导的任务就是设置若干个由易到难、循序渐进的中介行为，并给予强化，由此使他的行为一步一步接近目标行为。按照行为学发展的规律制订的矫治方案如下：①上一节课40分钟，第1周每天一节数学课中抽出5分钟时间放在学习上，作业完成其他同学的10%；第2~3周抽出8分钟时间放在学习上，作业完成其他同学的30%；第4~6周抽15分钟放在学习上，作业完成其他同学的50%；第7~10周抽出20分钟放在学习上，作业完成其他同学的60%。②宣泄可以，但尽量少，尽量平缓，约法三章：不能砸东西、不能顶撞老师、不能打人。请方同学最要好的朋友记下他每次发脾气的过程，进行分析，特别记下要发脾气但控制了没发的情况。第1周，每天数学课发脾气在3次以内，第2~3周发脾气在2次以内，第4~6周发脾气在1次以内，第7~10周做到不发脾气。③自控：课堂内，不要随便乱叫，也不能随便走动，有什么意见举手好好说，并跟同学多接触,多交朋友,多活动,做到心情愉快。第1周每天语文课随便乱叫在6次以内,随便走动在3次以内;第2~3周随便乱叫在4次以内,随便走动在2次以内;第4~6周,随便乱叫在3次以内,随便走动少于或等于1次;第7~10周,随便乱叫在2次以内,随便走动不出现。④发言和交作业方面,第1周的数学课发言超过0次,按时交作业、改作业超过1次;第2~3周,每周数学课发言超过1次,按时交作业、改作业超过2次;第4~6周,每周数学课发言超过3次,按时交作业、改作业超过4次。方同学对这个方案表示欢喜,并请老师监督。运用这个方案进行矫治时,每个星期都做一次记录,并和他交谈一次,哪些方面进步了,哪些方面没有进步,下个星期的方案应做怎样的修改。这样持续地进行矫治,使他的行为障碍慢慢消除或逐渐削弱。

2.老师无微不至的关心

一个老师要以自己的博大胸怀爱护、关心、培育每一颗稚嫩的心灵,要善于理解他们的思想和感情,不断地为他们输送心理养料,也就是要以育人之心、感人之情而待之,晓之以理、动之以情而为之,树立"朽木可雕"的思想。只有这样,才能更好地教育学生,培养出一批批具有良好心理素质和思想素质的优秀人才。对于方同学,我采取如下的做法:

(1)首先,深入了解他的内心。我曾九次找他谈心,让他把厌烦学习、爱发脾气的原因讲给我听。从交谈中,我了解到他厌学爱发脾气的一部分原因,例如家庭气氛不和,老师当着同学们的面批评他,自己意志薄弱,控制能力差,对学习不感兴趣等。了解到这些原因后,我努力通过自己的言行来排除他的心理障碍,平时只要他有一点进步我总不失时机地夸他几句或鼓励一番,使他感到自己在这个班集体中的分量,也让他感受到老师对他的关注和信任。

(2)在学习上关心他。课堂上,他有时抬头看,我便向他投去鼓励的目光,请他站起来回答老师提出的问题。回答有困难时,我一步步启发,耐心引导。如果作业有错时,每次都是请他到身边来订正,指出错在哪儿,并仔细地看着他改。改完后,有时他脸上也露出一丝笑意。发现他没有草稿纸,我就把从店里买来的白纸送给他。如果前一天作业没完成,第二天我一般都是陪着他把作业补起来。后来,方同学作业按时完成的次数逐渐增多。

(3)想方设法使他与我成为好朋友。在路上,方同学碰到老师从来不打招呼的。我了解到他脾性后，不管在什么地方遇到他，我都热情主动地先跟他打招呼，针对他的表现进行说服教育，提高他的道德认知能力。

（三）采用正强化与消退相结合进行矫正

斯金纳的强化原理告诉我们，当在环境中增加某种刺激，有机体反应概率增加，这种刺激就是正强化。正强化塑造良好行为，强化物的选择是至关重要的，正强化物的选择须满足他的需求和爱好，否则就失去强化作用。强化物通常分两类，一类是初级强化物，满足生理需要，如食品；另一类叫次级强化物，满足心理、精神需要，如玩具、文具、玩耍、红星、表扬。强化要考虑时间间隔和强化水平。辅导初级阶段，时距宜短，强化宜密集，强化物却宜逐步由密到疏，直至取消。下面是培养方同学自控能力的辅导策略。

第一阶段（一周）：每天数学课乱叫6次以内，每天下午放学奖励圆珠笔1支；随便走动在3次以内，每天下午放学奖励练习簿1本。

第二阶段（二周）：每天数学课随便乱叫4次以内，每天下午放学奖励圆珠笔2支；随便走动小于2次，每天下午放学奖励练习簿2本。

第三阶段（三周）：数学课每天随便走动在3次以内，一周下来奖励钢笔1支；随便走动小于或等于1次，一周下来奖励日记簿1本。

第四阶段（四周）：取消物质奖品，改为画红星或表扬。

辅导策略通常是一个总体框架，其中中介行为的持续时间以及强化物强化水平均需在执行过程中视学生的反应情况经常做必要的调整，调整的目的是强调学生的主动参与，协助他对自己的行为负责。

用消退法处理不正常行为在某些时候也是有效的。斯金纳认为，惩罚有时在改变行为方面是一种有效的方法，但不是一种理想的方法。虽说惩罚会导致反应的减少，但它只是间接地起作用，它只是抑制，不是消除这种行为。所以惩罚要慎重对待，如该学生出现不正常行为时，我忍住不发火，对他的行为加以漠视，或"剥夺"他一些权利，使他受"处罚"，促使不正常行为逐渐消失。在非给予惩罚不可时一定要注意两点：第一，要注意利用惩罚后的反应抑制期，也就是说，要尽可能通过强化加强其他的行为反应；第二，惩罚一定要在不良反应发生后立即给予，延迟的惩罚可能是无效的。

(四) 发挥集体的教育作用

马克思说:"只有在集体中,个人才能获得全面发展其才能的手段。"这就是说,集体具有促进每个成员良好个性品质形成的功能。为了把青少年培养成一个符合社会要求的合格的社会成员,集体一般需要在德、智、体、美等方面对其施加教育影响。良好的个性品质是在活动的基础上,通过人际交往,能动地接受社会关系的影响,经过良性的内化过程逐步形成的。所以,充分发挥集体的教育作用,是培养学生良好个性品质的基本条件。那么,具体到方同学的例子中,应怎样发挥集体的重大教育作用呢？首先,引导方同学把个人的兴趣、爱好同集体的正确目标和大家的共同理想一致起来,以各种生动活泼的形式对他进行人生观、世界观、道德观、审美观和劳动观的教育,从而有力地促进其德、智、体、美、劳和心理素质的优化发展。其次,集体在各种活动的交往中形成各种调节师生关系、生生关系的规范,引导他和大家一样自觉地遵守集体的各种规范,逐步增强他的规范意识和遵守规范的责任感,并逐渐养成良好的心态和行为。再次,班集体犹如一个由未成年人组成的小型社会,一方面,班级的健康发展不但需要各种必要的规范,而且也要求方同学和其他成员一样具有正确的集体主义角色态度,善于完成各种角色责任;另一方面,引导他接受老师和同学的评议,不管是热情地赞扬,还是诚恳地批评,使他增强集体荣誉感和明辨是非的能力,结合自我评价,有力地促进形成良好个性品质的内化过程。最后,注意引导他明确学习目的,努力培养其学习的自觉性、主动性和上进性,安排学习好的同学当"小先生",帮助他学习,推动他更好地掌握科学知识和技能。由于集体作用的充分发挥,方同学不但克服和矫正了不良个性,而且逐渐培养了善良、有正义感、平易近人、责任心强和努力学习等良好的道德品质和个性品质。

(五) 做好心理障碍的疏导工作

学生的心理产生各种不良反应,出现了心理障碍,这是难免的,不足为怪。问题是,我们要勤于观察,善于分析,及时有效地做好疏导工作,帮助他们克服心理上的障碍,使他们朝着我们的培养目标健康成长。针对学生的心理障碍,可从以下几方面进行疏导:

(1) 寓教育疏导于启发、诱导等原则之中。通过与学生倾心交谈,启发他们认识自己的心理障碍，正确对待自己的心理障碍。在日常教育中，采取个别交谈式，针对方同学上课经常发火这一点，我是这样引导的："你发火，不但影响了身体，而且还影响大家的心情。换个角度想想，如果你是老师的话，学生随便发火给你看，你是怎样的一种滋味?"针对他的问题及时进行疏导，使他的自控力逐渐增强，发火次数逐渐减少。

（2）寓教育疏导于师生间的平等交往中。苏霍姆林斯基说过："在影响学生内心世界时，不应该挫伤他们心灵最敏感的一个角落——人的自尊心。"在自尊心这个心灵中最敏感的角落里，应努力去创造一种同学间和师生间彼此理解、相互尊重的和谐气氛，让学生获得心理上的满足，充满自信，积极进取。例如，有一次数学课中，我两次批评第四组同学，方同学听后，竟趴在桌上一动不动，一直睡到下课为止。课后，我坦诚地与他交流思想，从他的言谈中，我得知当着同学们的面批评他，挫伤了他的自尊心。为此，我向他保证以后绝不当着同学们的面批评他。同时，我也向他提出一个要求，如果课上违反纪律，课后是要采取惩罚措施的，我们俩达成了这样的协议。平时，有空余时间，我便主动地走到他身边，与他交流思想、融洽感情，让他体会到老师是非常爱他的，以增强他对老师的信任感。

（3）寓教育疏导于自我管理和自我教育中。在教育过程中，要坚持尊重学生的主体性原则，积极创造条件，让他们不断增强自我管理和自我教育能力。如每个星期一上数学课前，我让方同学在练习本上制订出本星期数学课要克服哪几方面毛病的计划。到了周六，我和他进行交流，并把已克服的毛病和未完全克服的毛病记录下来，以便下个星期订计划用，而且对本周没有做到的方面进行严肃地批评和适当地惩罚。就这样，坚持半年的实践后，方同学的自我调控能力日益增强。

五、特殊学生问题解决成效

（一）不良学习行为有了很大改观

方同学每节数学课的注意力，由原来的3分钟上升到25分钟；课堂作业、家庭作业由原来的不做变化到完成其他同学的80%；每节数学课随便乱叫由原来的6次左右降到2次左右。记得2016年11月11日的那节数学课方同学乱叫了一次，我正视了他一下，后来他想张口叫第二次，却被意志力克制住了。其他方面，如发脾气的次数大大减少，顶撞老师的次数几乎消失。如原先每个星期中，至少发火6次；现在一个星期中，最多不超过2次。自己做错事，也有勇气敢于承认，充满改正错误的信心；尊师方面也大有进步，见到老师主动问好，能主动和老师交流思想。

(二) 善于与老师进行沟通交流

通过一个学期的矫正，方同学与老师交流的次数越来越多了。有一次，他跑到我办公室跟我说起悄悄话："老师，我不要爸爸照顾，也不跟妈妈过，我一个人能行。"我说："可是你并不是一个人，没有爸爸、妈妈，哪有你？"他说："老师，您弄错我的意思了，我是不想让他们看见我不愉快，能干的孩子都是很早就独立自主的。"以前，我的确恨他们，既然生下我，为何又分开？无论跟谁，我总想起亲爸或亲妈，继父虽对我好，可心里总打疙瘩，甚至恨妈妈为什么找另一个男人。不过，现在我想明白了，所以我想先独自生活一段时间，按时起床、学习、吃饭、洗衣服。只有这样，当有一天妈妈来到我身边时，我才会更好地体会到母爱。老师，对不起，我以前还讲过您的坏话，说您偏向某同学。方同学向我敞开了尘封已久的心扉，也使我意识到学生心灵的复杂、脆弱、易极端化的特点。对此，我要更深入地去探索消除学生心灵和行为障碍的规律和方法。

六、特殊学生问题分析思考

本书采用综合矫治法处理学生学习行为障碍问题，是一条可普遍实施的方法，可以积极普及推广。通过用综合矫治法矫正学生行为障碍的实践，得出以下几点体会：行为障碍的矫正是一项艰苦而复杂的工作，老师要十分细心、耐心地观察有心理障碍学生的各种表现，并把观察到的情况详细地记录下来；想方设法找出形成行为障碍的原因。形成行为障碍的原因是非常复杂的：有的来自社会、有的来自家庭、有的来自学校、有的来自自身的生理或心理。对行为障碍矫正采用"综合矫治"的方法，帮助学生建立自我调节的机制，让他们及时地进行心理调节；在进行综合治理的实际过程中，对强化措施做必要的修改，直至达到目标行为；通过综合矫正试验，虽有明显效果，但行为障碍并没有完全消失，这表明学生行为障碍的矫正是一个漫长而艰巨的过程。

　　教师、家长应关心孩子的心理发展，及早发现孩子的行为障碍问题，利用多方合力，采取综合矫治的方法，及早地进行矫正。事实证明，有行为障碍的学生是可以慢慢矫正过来的。若不及早矫正，随着年龄的增长，行为障碍问题也日益严重，矫正难度也会更大，今后还会影响学生的前途，甚至给社会带来危害。

第三章 小学数学课堂教学研究

随着时代的发展，教师自身也要与时俱进，不断地从新的教育理念、组织活动中获取知识与方法，运用于数学课堂。培养学生能力，源于课堂教学，不同的教学理念，会设计不同的教学活动，使学生获得不同的学习效果。教师应该努力把每一堂40分钟数学课创造成为以学生需求为主体的数学课堂教学活动。

第一节 创造以学生需求为主体的数学课堂

一位美籍匈牙利数学教育家波利亚认为：学生想什么比教师讲什么重要千百倍。作为一名小学数学青年教师，应把自己定格为终身学习者，随着时代的发展，教师自身也要与时俱进，不断地从新的教育理念、组织活动中获取知识与方法，从而运用于数学课堂。《小学数学课程标准》中明确指出：数学学习起着培养学生动手操作能力、思维能力的重要作用。培养学生能力来源于课堂教学，不同的教学理念，会设计不同的教学活动，学生会获得不同的学习效果。在笔者看来，一节仅有40分钟学习时间的数学课，要尽可能地把时间留给学生，在动手操作中激发学生的学习兴趣，使学生主动获取知识。教师做好适时的点拨与提升，真正为学生的学习所需及课堂的参与度而服务。接下来我就从三方面谈谈自己对创造以学生需求为主体的数学课堂、提高学生学习能力进行教学的一些思考。

一、掌握数学语言进行交流与研讨

数学语言是数学思维的载体，数学学习实质上是数学思维活动，交流是思维活动中重要的环节,《课标》中指出,"动手实践、自主探索与合作交流是学生学习数学的重要形式"。因此,学生掌握有条理的数学语言,才能有效地对需要解决的问题开展交流与研讨。从小学教育开始,教师就一定要重视培养学生在数学课堂中主动交流与研讨时的语言,进而挖掘学生的潜能,使学生的思维能力得到有效的发展。掌握数学语言是学生顺利地、有成效地进行交流和研讨的重要基础之一。因此,教师应当把培养学生的数学语言与数学知识的学习紧密地结合起来,将它看成是数学学习的重要组成部分。

数学语言具有高度的抽象性、较强的逻辑性思维能力,教师的数学语言直接影响着学生的数学语言。学生学会有关的数学术语和符号,正确依据数学原理分析逻辑关系,才能达到对知识本质的理解。例如,在"乘法分配律"一课中:

教师提出问题:"观察这些等式后,你们有什么发现,能简洁地概括出来吗?"

学生1:两个数先相加再乘一个数,等于加法中的一个数乘括号外的数加上另一个数乘跟刚才相同的数。

学生2:两个数的和乘一个数等于这两个数分别跟括号外面的数先相乘,再相加。

学生3:我发现他们都是符合 $(a+b) \times c = a \times c + b \times c$。

通过三名学生的汇报,不断体现数学语言的精确性,每个数学概念、符号、术语都有其精确的含义,没有含糊不清或易产生歧义的词汇,结论对错分明。学生要想真正有条理地进行交流与研讨,那就要不断在课堂上多交流、研讨,锻炼数学语言的表达,才能更好地锻炼学生思维的条理性、逻辑性和准确性。

课堂教学中,每一层次的小结部分是学生研讨与交流后对所得知识的总结。这个环节不仅能有效培养学生的表达能力,而且对提升学生的认知水平起重要作用,是课堂教学的重要组成部分。小结内容是否准确到位,也关乎着学生研讨交流的是否充分、有价值。小学生虽然表达能力有限,但只需正确引导,学生便能正确地概括。例如,在"小数的大小比较"一课中:

教师提问出问题:"你觉得如何比较两个小数的大小?"

学生1:比整数部分。

学生2：先比整数部分，再比小数部分。

学生3：按整数大小比较方法先比整数部分，整数部分一样，再比小数部分，一位一位的比，直到比出大小为止。

学生纷纷举手发言，就连平时不爱说话的学生也举起了手，有些学生表达虽不流畅，或是很片面，却抓住了比较大小的核心内容，只要教师肯给予他们锻炼的时间，慢慢的在其他同学的引领下，他们也能逐步使自己的语言通顺、精准，有所提高。

二、把课堂时间充分交给学生

传统的课堂，是教师不停地讲，不停地教，学生机械化的听与做，严重制约了学生多种能力的培养，降低了课堂教学实效性。当今课堂，不仅要针对不同的学习内容设计不同的学习方式、活动方式，而且要在同一学习任务中考虑到学生学习方式的差异，满足不同学生的不同需求，特别是在统一活动设计中，要给学生一点选择的余地。例如，在"长正方体表面积切割拼摆"训练课中：

教师提出问题："把两个相同的长方体拼成一个较大的长方体，怎么拼减少的面积最多？"一些学生很快就有了答案，纷纷举手，而也有一些学生开始借助实物拼摆起来，此时教师就要舍得给他们时间去拼摆，学生才能更好地理解表面积的变化。学生都能建立起空间观念，虽然程度不同，但每个学生的能力都得到了相应的提升。

为了最大化地利用课堂，实现有效的学习，学生的需求是要放在首位的。教师一定要舍得把时间交给学生，这样学生们才能充分地探究。例如，探究性质，发现规律等内容，要在大量的感悟、验证下才能充分地发现、理解性质和规律，何况每个班级都会有学习困难的学生，对他们来讲，所需要的时间会更多。例如，在"商不变的性质"一课中：

教师提出问题1："根据这组算式，你们发现了什么？"

教师提出问题2："像具有这样特点的算式，你们还能写出一组吗"？在两个核心问题的引领下，学生就开始写和交流，先是个人说，小组补充，然后自己写、自己说，他人补充，依次讲解自己的发现。整堂课的时间都交给了学生，每一位学生都主动参与交流和感悟规律的过程，最终体会到学习过程是给自己带来知识的重要途径。

从平时教学及对学生的访谈交流中，笔者认识到，在学习过程中，有的学生遇到困难时，就喜欢直接问老师、问同学，不加思考，以求快速解决问题；也有的学生情愿自己多想一会儿，或者尝试不同的策略求得解决；还有的学生则喜欢暂时放松一下，让纷繁混乱的思绪稍稍平静一点以求得知觉的帮助。所以，根据学生们的表现，教师更应该结合不同学生的不同需求，给予相应的学习时间，让其选择适合自己的学习方式。对于爱问的学生，更要为他们创造要求自己思考、探索问题本质的自我需求，进而经历学习的过程，使之学会学习。巧妙地把"让时间来证明一切"应用于解决学生需求的教学中，让学生有时间去研究，去发挥儿童的充沛精力。

《新课标》课程标准中明确指出，"要创造一个有利于学生生动活泼、主动发展的教育环境，提供给学生充分发展的时间和空间"。课堂教学要发展到以每位学生参与学习为主，这种以学习者为中心的课堂教学，经常会出现让大家出乎意料的课堂效果，这样的效果才是学生的真实所需。学生再经过充分的交流、碰撞、研讨，在大家的争论与辨析中，问题自然而解，教学又重新进入"正常"学习程序。恰恰是在这种"非传统"状态下，学生变得激情高涨、兴奋不已，进入了积极思考状态，真正实现了有效学习，真正地训练了学生的思维。作为学生活动的组织者，教师应该把关注焦点放在每位学生的认知活动与情感体验上，以及有效激发学生的学习需求上，而不是只把传递或展示知识作为自己的首要职责。

三、将丰富的素材引入课堂教学中

教育家陶行知说过："真教育是心心相印的活动。"数学学习不仅仅是一个认识过程，它更是一种情感体验过程。对于这种情感教学，我们要注意的是激发学生学习的兴趣，营造宽松、和谐的学习气氛，形成自主自觉的意识、探索求知的欲望、开拓创新的激情和积极进取的人生态度，这样学生在和谐、愉悦的课堂气氛中达到主动学习的目的。

教室里配备的多媒体、iPad设备、实物展示，还有可以创编的游戏、小话剧等，都可以作为丰富的素材引入数学课堂教学中，从而使教学内容变得直观、新颖、有吸引力。在实际教学中，如五年级"可能性"一课，课上播放了一段世界杯足球比赛开场视频，所有学生的注意力自然就被视频内容吸引过来，很快地投入到主动学习中。教学过程中引入了央视"非常6+1"砸金蛋游戏，有效地体现了学生主动发现问题、提出问题、解决问题。在"多边形面积"一课：使用几何画板演示面积推导变化及平行四边形与长方形之间的联系和区别，使学生更能直观建立空间观念。在"数字编码"一课：播放一段自制的flash动画，引发学生思考，主动去分析问题。在学习概念、性质内容时，利用iPad连接白板，进行随时圈注、画图、批改等操作。这样的课堂，虽然要比直接开始讲课要多花费时间，但教学内容更形象直观，一方面使学生融入课堂快，带着兴趣学，另一方面学生也会觉得课堂更富有趣味性，从而提升学习的积极性。这种现代化科技引入课堂，大大提高了课堂教学效果。

人教版教材中单元起始部分都有主题图，例题与练习题大多配有结合实际的情境图，随着教材的改进，这样的图片越来越多的引入教材中，体现了学习资源来源于生活，学生所获知识与能力又应用于生活，更加体现了心理学与教材的紧密联系。这样的编排意味着降低单纯的数字与汉字对学生视觉乏味的影响，进而创设一个既生动愉悦，又要符合实际情况、贴切学生认知的情景，以便更好地让学生融入学习当中，带着兴趣去发现问题、解决问题。因此在数学教学中，教师巧妙地创设新颖的情景，比如编写个小故事、设计一个小游戏、学生自己编排个小话剧等，让学生真正动起来，交流起来，始终处在课堂主人的位置上。这样的课堂不仅变得有意思，又充分调动学生的参与性，发现思维的"闪光点"，激发学生们的求知欲和学习热情，提高课堂学习效率。

综上所述，数学课堂应以满足学生真实需求为主，引发学生独立思考、动手操作、小组合作交流的学习热情，配合运用丰富的教学素材、贴近学生实际生活的情境，更能有效地实现以学生为主体、以学生真实所需为依据的数学课堂。老师与学生们在和谐、活跃的学习氛围中收获知识，提升数学学习能力，感悟数学学习的价值，让40分钟数学课堂教学发挥更大的作用。

第二节　数学课堂中的创新练习设计

小学数学课堂练习要进行创新性改革，目的是提高学生的学习兴趣，激发他们的创新意识，构建属于自己的知识框架。小学是培养学生良好学习习惯的黄金时期，课堂练习可以帮助学生更加积极主动地吸收数学知识，这也是引导学生自主思考的有效途径。但是大部分小学数学教师无法在课堂上引导学生进行练习，教学过程也缺乏相应手段，以致使课题内容空泛。如何有效进行小学数学课堂练习是一个难题，也是值得广大教师深思的问题。

一、小学数学传统课堂练习设计中存在的问题及应对策略

(一) 传统小学数学课堂练习中存在的问题

《九年义务教育小学数学教学大纲》明确指出，"学生掌握知识有一个过程，要在初步理解的基础上，通过必要的练习来加深理解，逐步掌握"。这说明练习是学生掌握知识和形成技能不可缺少的认识过程，应该引起教学的重视。可是，目前的小学数学课堂练习中仍存在许多问题。

1. 练习课的课节不足

调查中发现，许多教学单元的课时安排不能按照大纲的要求完成，尤其是练习课，课节不足的约占 30% 左右。

2. 教师备课不认真

有些教师认为新授课时已做过一些练习，只要把练习里剩下的内容做完就可以了，所以不写教案，不搞有针对性的练习设计，只让学生在课后做完剩下的练习题。这样，虽然练习里的习题都做了，但不同程度的学生不一定都能得到提高。特别是"后进生"，存在的问题只好在课后"补课"，既增加师生负担，又达不到预期的目的。

3. 信息反馈不及时

教学中，有些教师只让学生做练习，却忽视通过观察和批改作业去及时发现和解决学生练习中存在的问题，结果使学生已有的知识缺漏成为下节新授课

时的"拦路虎",逐步形成了某些学生学习上的恶性循环。

4. 练习课缺乏趣味性

众所周知,兴趣是最好的老师,特别是练习课属重复学习课,学生往往感到枯燥无味。再加上教师不精心备课,即使练习也是呆板地做题再做题。特别是"后进生",不会加上无趣,逐渐成为学习进程上的"落伍者"。

(二) 传统小学数学课堂练习问题的应对措施

1. 认真备课,精心设计练习作业

(1) 针对重点和难点,精心设计专题练习。如除数是小数的除法,重点和难点是小数点的处理。讲完基本法则之后应设计练习,通过练习,教师针对学生出现的错误再启发学生自己进一步理解法则,从而收到事半功倍的效果。

(2) 针对学生混淆不清的实际,精心设计对比练习。有些"形似实异"的应用题,学生往往不认真审题,造成解题错误,通过对比练习,会收到明显效果。如"25吨煤,运走了五分之一吨,还剩多少吨?"与"25吨煤,运走了五分之一,还剩多少吨?"进行对比。

(3) 针对学生容易形成"思维定式",设计变式练习。有些"形异实同"的问题,叙述形式稍有变化,学生往往就抓不住问题的实质。如"有水牛20头,黄牛比水牛少5头,黄牛有多少头?"与"有水牛20头,比黄牛多5头,黄牛有多少头?"进行对比。

(4) 针对学生的年龄特点,设计练习题时注意练习的形式多样性和趣味性,如低年级尽量穿插学生喜闻乐见的"找朋友""夺红旗""戴红花"等竞技性的数学游戏。中高年级的练习题可采取"填空""判断"和"选择正确答案"等富有思考性的题组形式。有条件也可搞抢答形式的数学竞赛,活跃课堂练习气氛。

2. 改进教学方法,切实提高课堂练习效率

(1) 充分调动学生在练习时的积极性,学生自身有无练习的主动性和积极性,效果是截然不同的。解决这个问题主要靠教师教学过程中的思想教育和教学艺术两个方面。特别是通过每节课前的"揭示课题",首先使学生明确练习目的要求和练习成败的利害关系。对于"后进生"在练习中取得的每一微小的进步都要及时给予表扬和鼓励,使其产生追赶先进的自信心。

(2) 讲究课堂结构的科学性。练习课的基本形式是以练为主,讲练结合,即让学生独立完成一组练习作业之后,教师要及时就学生练习中暴露出的普遍性的问题做必要讲解,然后再以同样的形式进行下一组题的练习。

3. 注意练习指导上的全面性

学生的学习存在"优中差"三种不同水平,教师应当通过不同形式,把事先设计好的不同要求的练习作业同时出示给不同程度的学生,让他们分头进行各自的练习。教师的指导重点应放在"后进生"方面,同时兼顾其余两个程度的学生。这对教师的要求是很高的,但只要有了备课上的精心设计,也是可以做到的。

二、课堂练习创新在小学数学课堂改革中的重要性

(一) 引导学生兴趣的生成

课堂练习较之于课后练习来说,能够很好地调动学生的积极性,许多同学在一起完成教师布置的任务,就会形成一个良性竞争的趋势。当然,教师布置的课堂任务的内容也要经过筛选,尽可能地把所学知识中的难点和重点通过一种有趣的方式交给学生去完成。比如在学习多边形的特点这一节内容时,我们可以组织学生,借助火柴棍摆出各种心目中的几何形状,还可以组织比赛,数出教师给出的图形中有多少个指定的多边形等。合理的教学环境的创设能够有效地调动学生学习兴趣,锻炼学生的动手能力以及独立思考的习惯。

(二) 促进学生对知识的整体探究

课堂练习并不是说单纯地以学生为中心,同样可以采取师生互动的方式进行共同探究。以学生为活动的主体,整个活动围绕学生所产生的问题和假设进行探讨,老师在一旁起引导和负责调动课堂氛围的作用。例如,在学习"亿以内数的读法、写法"时,为了充分地调动学生的学习积极性,可以借助以下活动:让学生用数学书附页中的图片做一个数字转盘,同桌合作,一个同学转出一个多位数,请另一个同学写出这个数并读出来,正确以后才能交换。如此这般的教学方法可以很好地达到知识传授的目的。

(三) 课堂练习改革是教学改革的重要组成部分

如今的教育正在进行大幅度的革新,一大批新奇的教学概念逐渐地进入课堂,但是并不是说传统的教学方法就一无是处。就拿课堂练习来说,这个课堂

教育将数学课堂变得更加丰富多彩，使学生有更多的机会去锻炼动手和动脑能力，让学生参与数学，进入数学世界，并不是单纯地听教师讲数学。教师更要利用多种形式的课堂提问将课堂交给学生，这样才能做到教师和学生共同学习、共同进步。

小学生的学习主要靠兴趣，但是小孩子的自制力是阻碍学习的"拦路虎"。大多数低年级学生回家如果没有监护人进行监督引导，是很难独立完成学习任务的。因此课堂练习就成为一个很好的促使学生尽快完成学习任务的方法。课堂练习不同于课后作业，具有一定的竞争意味，可以迫使学生尽自己的努力完成相应的任务，加强了课堂内容的理解，有必要进行推广，提高学生的学习效率。

三、小学数学教学中课堂练习的特点

数学练习是学生数学学习中不可缺少的重要组成部分，强调学生对数学知识的深入巩固和基本技能的熟练掌握。随着课改的不断深入，数学练习题如何设计安排是重要的课题。既不能让学生一味地反复、机械练习，重复走老路，又不能与数学学科的核心思想渐行渐远，只顾追求新颖花式的练习；既不能用一些简单的、没有挑战性的练习让学生感到枯燥无聊，又不能设计一些表面花哨，却没有实际价值的练习。

设计数学练习不能忘了数学学科本身的宗旨是为了全体学生数学素养的全面发展，不该为了练习而练习，因为练习是对学生课堂掌握情况的检查，是对学生所学内容的巩固、提升，是对教师教学成果的反馈，争取通过练习，使学生在数学各个方面的能力和素养都得到锻炼和提高。尤其是在进行小学数学课堂练习的创新与改革时，更要抓住小学数学课堂练习的重要特点，才能有的放矢地改革和创新。

（一）小学数学课堂练习的生活性

数学源于生活，又必须回归于生活。《新课标》要求下的小学数学练习主张"生活味浓"这一接地气的特点。想要学生在枯燥的数学学习中体会到数学的乐趣和实用，应该将数学知识应用于生活中，把书本知识和生活实践紧密联系起来。生活实践是学生认知发展的不竭源泉，编写一些与生活相关的练习，学生能在这些来自实际的鲜活生动的数学案例中体会到数学的实用性，了解数学的应用价值,吸引他们投入数学学习中,从而让学生明白"数学就在我身边,身边处处有数学"。教师要不断引导学生,启发他们随时利用身边事物,从自身角度发现数学问题,并且养成运用数学思维解决实际问题的习惯,逐步改变学生原本认为数学枯燥的想法,激发他们学习数学的热情。

(二) 小学数学课堂练习的层次性

为适应小学生的认知与发展特点,课堂练习设计和编排应讲究由简到难、由难到繁的原则,这是一个循序渐进的上升过程。课堂练习难度需要有一定的梯度,逐层递进,切不可在一个水平上,要满足不同学生的学习需要。既要有一定数量的基本练习题(巩固新知识),又要有一些综合练习题(联系新旧知识)和富有思考性、挑战性的题目(开拓学生思维)。教学新知识后,则先设置一些方便理解新知识的定向性习题,这类练习往往内容单一,方向明确,促使学生将新知识内化,然后设置深化新知识的辨疑性习题,教师要有目的地将一些既有联系又有区别的新旧知识结合起来,引导学生观察、思考、比较和判断,把两者的相同和不同区分清楚。最后设置综合性题和引申拓宽的创造性思考题,使练习题由易到难螺旋上升,呈现阶梯性。

《新课标》要求不同的学生在数学上要有不同的发展,练习设计的阶梯性其实也是照顾到了这一点,设计不同层次的练习,让每个孩子在数学上都能得到最大的发展。所以,在练习课教学中,应该补充一些教材没有或者教材虽然有但数量不足的练习题,切实将练习课发挥最大用处,使尖子生"吃得好",中等生能够"吃得饱",学困生能够"吃得下"。通过不同层次、不同种类的练习题,可以全面满足不同层次学生的学习需求。在学习过程中,学生从最简单的效仿到逐步提高,再到思维拓展,一步步降低学习难度,同时练习设计不拘泥于书本,有利于激发学生的学习兴趣,燃起学生的学习热情。开拓学生的思维,培养学生的创新意识,使学生更积极主动地学习,更好地锻炼自己的能力,更好地理解和巩固所学新知识,以实现预期的教学目标。

(三) 小学数学课堂练习的趣味性

苏霍姆林斯基❶说:"学习兴趣是学习活动的重要动力。"只有学生感兴趣的

---

❶ 瓦·阿·苏霍姆林斯基(1918—1970),全称瓦西里·亚历山德罗维奇·苏霍姆林斯基,著名教育实践家和教育理论家。

练习，才会积极主动地探究。由兴趣到探索，由探索到成功，在成功的体验中产生新的兴趣，推动数学学习不断取得成功。因此，为了激发学生的兴趣，增强课堂的趣味性，教师除了精心设计练习内容之外，还应考虑丰富多样的练习形式，如设计判断题、填空题、选择题、应用题、匹配题等。教师也可以把课堂还给学生，让他们做学习的主人，亲自参与练习设计。比如让学生当医生，设计改错题；让学生当法官，设计判断题；让学生调动各个感官，设计操作实验题。同时研究学生心理特点，针对好胜这一特点还可设计竞赛式练习，让学生在比赛中成长，在成长中进步。对于低年级孩子而言，练习语言要注意富有童趣，教师要做到寓学于乐，多设计一些游戏性练习，帮助理解能力有限的低年级孩子。

(四) 小学数学课堂练习的实践性

《新课标》指出："数学教学中，应当有意识、有计划地设计一些实践性教学活动，引导学生体会数学之间的联系，感受数学的整体性，不断丰富解决问题的策略，提高解决问题的能力。"要从学生生活经验和已有知识出发，给学生提供实践活动的机会，使他们真正理解和应用数学知识。

例如，教完"平面图形的面积"后，教师可以引导学生，让他们从身边事物入手，用自己智慧的双眼找找看哪些东西形似所学平面图形的物体表面，试着求出它们的面积。学生对这样方便有趣、贴近自己生活的实践练习非常感兴趣，有的用尺量出数学书本长宽，计算表面积；有的几人合作，计算教室的占地面积；还有的提出想知道操场的面积有多大。这样的实践操作不仅锻炼了学生的动手能力，而且检查和巩固了学生对平面图形面积公式的掌握能力，将这一书本的知识引申到课堂之外。让学生深刻体会到学习数学的实际意义和价值，从而吸引他们更加热爱数学，更加积极主动地学习数学，培养他们主动思考数学问题的能力。

四、小学数学课堂练习创新的基本思路与设计技巧

课堂练习是小学数学课堂教学的重要组成部分，是学生学习过程中不可缺少的重要环节，是学生掌握知识，形成技能、发展智力、挖掘创新潜能的重要手段，是教师了解学生知识和掌握情况的主要途径。高质量的课堂教学必须有

较高质量的练习做基础。因此，课堂练习在小学数学教学中有着特殊的重要地位，必须精心设计。

(一) 小学数学课堂练习创新的基本思路

《新程标》的基本理念指出："数学教育要面向全体学生，人人学有价值的数学，人人都获得必需的数学，不同的人在数学上得到不同的发展。"随着新课改的层层深入，这种理念已渗透到教学的各个层面，也渗透到了每节课的练习中。练习是教师掌握教学情况，进行反馈调节的重要措施。如何让数学练习散发出新课程的气息，是新理念下教师们应该共同思考的问题。众多实践证明，求新、求活、求近是小学数学课堂练习进行创新设计时应该遵循的基本思路。

1. 求新——提供新鲜的东西，引起兴趣

兴趣是学习的动力，当学生对学习产生兴趣时，学生的心理活动就会处于激活状态，富有满足感和愉悦感，从而积极性高涨，思维活跃，注意力集中，"我要学"的意识增强。这时，学生的被动学习将会转变为主动求知，厌学情绪将会转变为乐学欲望。因此，从学生的学习兴趣入手，创设新型的教学情境，正是"知之者，不如好之者；好之者，不如乐之者"教育思想在教学学科中的具体体现。我们要积极探索，大力倡导，在练习中也要体现一个"新"字。

（1）题型新。教材中的题型设计虽然具有一定的科学性，但就习题本身而言，练习形式比较单调。因此，在挖掘快乐因素上主要应在组织完成练习的形式和对习题处理方法上下功夫。可以根据儿童的好动、好胜、好表现的天性，让学生"动"起来，使学生在活动中学，在活动中得到快乐；让学生"比"起来，使学生在竞争中不断前进；让学生"炫"起来，使学生在考别人中进步；让学生"用"起来，使学生感受数学的价值。所以在创设题型时，要关注学生，让他们快乐学习。如有些问题可以引入竞争机制，有些习题用讨论、争议的方法更适合学生的口味。除此之外，在练习中根据学生的学习情况还可以创设游戏性、娱乐性较强的数学游艺宫、脑筋急转弯、数学灯谜会、幸运大抽奖、看谁中状元等练习。在一节课里，根据教学需要，如果给学生恰到好处地创设一两处快乐学习的激发点，就能克服学生厌学的心理障碍，使单调的数学习题趣味化和多样化，真正起到优化教学的目的。这不仅有助于加深理解所学的数学知识，而且有助于发展学生思维的灵活性，并激发学生思考问题的兴趣。

(2) 题材新。数学是一门学科,更是一种文化。因此,数学练习设计要走出数学学科,让学生去领略其他学科的精彩。设计时综合学生所学科目,确立以学科知识为基础,以情景主题为背景,适时地穿插其他学科知识,丰富并发展数学的内涵,让学生学习数学学科以外的知识,从而领略数学的精彩。

2. 求活——挖掘习题本身的内在力量,保持兴趣

数学教学的一个重要任务是培养学生的灵活思维能力。灵活的思维能力表现在能从不同角度,运用不同的方法,对题目进行分析推理,从而获得不同的结果。这种思维能力的培养,需要开放式的课堂结构,需要教师设计出灵活性较大的练习题。

(1) 空间的灵活性。我们课堂教学中可以让学生离开座位,教室的每个角落、每个同学可以作为学生的练习场地与合作伙伴;也可以让学生走出教室,走向生活与社会。作为自然科学基础课的数学只有实现回归自然,融入生活,教育的多向性目标才能实现。比如,"小数四则混合运算"是枯燥乏味的,为了激发学生兴趣,结合生活巩固这部分知识,要求学生到生活用品超市去逛一逛、看一看,或者买些所需的物品,回来后把活动过程说一说、议一议,编出相应的小数四则运算习题,再以四人小组为单位,争当"小电脑",处理遇到的各式情况。学生练习激情很高,因为这些都是学生自己发现或尝试过的。通过练习,还能使学生认识到自身的价值,产生成功的体验。

(2) 思维的灵活性。为了让学生在解题时保持兴趣,可给学生提供一些能用多种方法解决的问题。《新课标》特别强调人人学有用的数学,不同的人学习不同的数学,不同的人在数学上得到不同的发展。在设计练习时,不管是练习内容的选取还是练习形式的呈现,都应尽可能让学生留有充分的思考余地,应充分尊重学生的个性发展,培养学生的创新精神和实践能力。因此,在教学时,设计一些开放性的练习,给学生提供较为广阔的创造时空,激发并培养学生的求异思维。

3. 求近——揭示知识的应用价值,提高兴趣

"生活味浓"是新课程背景下小学数学练习题的一个重要特点,我们应把生活实践当作学生认识发展的活水,把数学习题与生活实践紧密"连接"起来,让学生在这些来自实际鲜活的数学事例中,感受到学习数学是有用的,是快乐

的。如学生熟悉的校园、公园、服装、电话机都可以成为习题的情境；学生喜闻乐见的"手心、手背""石头、剪子、布"等游戏也可以成为习题的内容。这样的设计，既让学生的数学学习有了更好的依托，又让学生在自主选择中增强了练习的乐趣，更多地感受到学习的快乐。

小学数学课本上的练习大多来源于生活，而这些生动活泼的内容一旦被列入教材，就显得抽象而呆板，如果教师能创造性地对教材内容进行还原和再创造，将数学练习融入生活中，就可以使原有的练习为我所用。总之，《新课标》下数学练习的设计应是集生活内容、思想方法和语言文字于一体，反映现代技术、现代文明和现代教育观的数学教学活动的内容之一，关注的是学生在思维能力、情感态度与价值观等方面的进步和发展。可以说，数学练习的设计也体现了一种文化。可见，精心设计练习不仅能使学生扎实有效地理解和掌握教学中最基础的知识，形成基本的数学技能，而且能培养学生的数学应用意识和能力，给不同层次的学生创设学好数学的机会，特别是更有利于培养学生善于探索、勇于创新的精神。

(二) 小学数学课堂练习创新设计的技巧

自启动新课程改革以来，小学数学教学方式的变化是多方面的。在课堂教学方面，由以往的教师为主导到现在的教与学统一化。教师尽量丰富课堂活动，让学生在快乐中学习，这些改革更多体现在授课方面，即对小学数学课堂练习的创新，在教师们进行探索的同时，也发现了很多对小学数学课堂练习进行创新的技巧。

1. 增强小学数学练习设计的针对性

虽然小学数学教学内容相对简单，但是一些知识点对于小学生来说，理解起来仍然很困难。与其他学科相比，数学更注重的是学生逻辑思维能力的培养，需要一定的课堂练习巩固所学的知识。一方面可以巩固学生对所学知识的掌握，另一方面为学生学习新知识做好铺垫。小学数学教学应增强课堂练习的针对性，课堂练习应结合教学中所学知识的重点、难点进行设计，让学生通过反复练习和自我体悟，真正掌握所学知识。

2. 分层次进行小学数学练习设计

由于学生对知识理解掌握的程度不同，学习成绩比较好的学生对所学知识接受得比较快，学习成绩相对较差的同学掌握起来就可能比较吃力。所以数学教学要增加练习设计的层次性，数学练习设计的难易程度应该适中，尽量适合中等水平的学生。数学练习要因材施教，增加基础性问题的设计，同时可设计一些选做的拓展题，留给成绩比较好的学生。

3.丰富练习的形式，激发学习热情

新课改理念下，教师可根据学生作业中出现的问题进行总结归纳，专门设计一堂练习课，并采用新颖的教学模式集中解决学生的共性问题，尤其是易混淆点。由于数学练习设计的对象是小学生，设计练习时要充分考虑小学生自身的特点。大部分小学生都具有爱玩、好动、好奇的特点，采用新颖的数学练习形式可以有效地吸引小学生的注意力，让学生在寓教于乐中学到知识。例如，数学知识小竞赛、数学小游戏、数学谜语等。通过丰富多样的设计形式，增加练习的趣味性，加深学生对所学内容的理解，使学生轻松地学会区分易混淆点，增强学生学习的主动性和积极性。

4.练习设计应循序渐进

很多难题其实是诸多简单知识点的变式整合，学生如果掌握了对简单知识点的灵活运用，很多难题自然就迎刃而解了。数学练习的设计应循序渐进，促进学生对各阶段知识点的学习由习得到熟练，再由熟练到活用。学生只有掌握了每个部分的内容才能做到融会贯通，活学活用，面对难题才能抽丝剥茧，迎刃而解。如果教师一开始就为学生设计比较难的练习题，在很大程度上会打击学生的自信心和积极性；反之，教师对数学练习设计得过于简单又会降低学生学习的兴趣。因此，小学数学练习设计一定要循序渐进，由易到难，深浅结合。

5.数学练习的设计要切合实际

小学数学的教学内容很多都是与实际生活相通的，所以在练习课的设计时，应尽可能地从实际问题出发，这样易于学生的理解和掌握。让学生自觉地参与到学习中来，充分调动学生的积极性，激发学生的求知欲，培养学生的创新意识。尤其是在科技飞速发展的今天，应着力培养学生的创新和实践能力，引领他们更好地融入社会的发展之中，为社会培养实用性人才打好基础。

第三节 数学课堂多媒体技术实践探索

一、多媒体技术与小学数学教育

在信息高速膨胀的今天,通过深入开展教育教学改革,在小学数学教学中有针对性地融入多媒体信息技术,教学过程中能更生动地展示知识的发生、发展过程,使所有学生积极主动地参与到知识架构的形成过程之中,让学生有更多空间进行探索和创造,从而更好地培养学生的创新意识。同时,小学数学教学凭借多媒体的教学手段,优化了课程的教学结构,使课堂教学充满了生机与活力。可见,多媒体信息技术与小学数学教育有着密不可分的关系,但是一种技术的兴起必有其优势和缺陷。

(一)多媒体辅助小学数学教学的优点

1. 促进学生发现知识

在新课标改革的要求下,学生的创新思维能力受到了广泛的关注,它要求学生不仅仅限于被动地接受教师传授的知识,被动地去记忆标准答案,更要充分发挥创造性,在面对难题的时候充分发挥其创造力,经过思考之后得出自己的结论。因此,学生们需要自行地、主动地去发现知识。而多媒体辅助教学系统可以帮助学生发现知识,它通过形象生动地再现一个数学问题,引发学生主动积极地思考,从而向学生们传达如何从一个简单的问题中引申新知识的方法。学生们可以通过多媒体,对一个数学问题进行思考,从而得到猜想的结论。

2. 激发学生学习的积极性

很多人说,数学是一门比较枯燥乏味的学科,有太多的公式需要记忆,也有很多复杂的运算过程。因此对于学生而言,要想学好数学,就必须改变这一观念,即从根本上产生对学习数学的兴趣,做到爱上数学,真正想学数学。多媒体辅助教学系统对于丰富小学数学教学活动具有十分重要的意义,并且能够在很大程度上激发学生学习数学的积极性。首先,相比传统教学方法,多媒体辅助教学系统功能更加丰富,教师们可以借助多媒体来创造一个模拟情境,在这个情境中设置一些数学问题，并增加悬念，让学生们在这个情境中展开思考、进行猜想，从而能够做到主动积极地学习数学知识，而不是被动地接受。其次，多媒体辅助教学系统较为形象化和生动化，它可以充分运用各种图画、表格、动态设计等新颖有趣的方法来引起学生的注意力，引发他们学习的热情，这样一来，学生们就可以主动地开展数学学习计划，在课堂中表现得更加活跃。

3. 有助于重难点有效结合

多媒体教学本身具有形象化的特征，它可以将一些枯燥的、抽象的问题具体化，从而将整个课堂变得更加生动，将教学计划中的难点和重点有效地结合起来，在潜移默化中让学生开展学习。例如《数学》二年级下册中有"图形与变换"这个问题，它需要丰富的形象思维能力和空间思维能力，是小学数学中一个重点和难点单元，对于培养学生的几何能力具有重要意义。教师们在进行这个问题的讲解时，可以运用多媒体辅助教学技术，为学生们现场展示图形旋转是什么样的，从而加深学生们的记忆，形成更深的印象，帮助他们学习"图形旋转"这个数学问题。

4. 小学生的思维以形象思维为主

教师在教学时要注意结合教材内容，利用多媒体制作课件化抽象为具体，生动直观地予以呈现或利用虚拟现实、放大细节展现教学内容，这样学生才能比较容易接受和理解，才能提高其学习的兴趣。对于难度较大的，可以先通过课件的演示对学生进行示范；对于难度不大的，先让学生自行学习，再通过课件进行验证，这样可以启发学生的思维或证实思维的结果。如"圆的认识"一课，对于圆的形成过程这一问题，教师想光靠讲就让学生明白这不容易做到，而通过多媒体课件配合投影却能把这个问题演示得非常清楚。先在投影上展示了系着小球的一根绳子，一端固定在一点上，然后通过让小球甩动，屏幕上的小球左右摆了两下，再让学生观察小球甩动一圈后会形成一个什么样的图形。屏幕上小球开始走，每走过一点，屏幕上就留下它的痕迹，当小球走过一圈后，屏幕上形成无数个点，最后形成一个圆，这时再放一次慢镜头，再让学生观察一次。这样学生对圆是如何形成的就有了一个非常深刻的印象。在观看完课件之后，可以让学生利用手头上的文具或其他工具自行演示一次圆的产生过程，加深其对圆的生成的了解。可见动画模拟不但能彻底改变传统教学中的凭空想象、似有非有、难以理解之苦，同时还能充分激发学生学习的主观能动性，化被动为主动，产生特有的教学效果。

(二) 多媒体辅助教学系统的缺点

1. 加大了课堂容量

与传统的教学方法相比，多媒体辅助教学系统功能繁多，它可以在很小的空间内传递很多的信息，这就无形中加大了课堂的容量，甚至是超过了学生接受数学知识的限度，无形中增大了学生的压力。例如，很多教师在制订教学计划时，会设置总复习这一环节，在这个环节中，教师们会把所学的基本知识、重点、难点等通过多媒体来播放，这在无形中增加了课堂的容量，大量的课堂教学知识会让学生接受灌输式的教育，长期下去学生将不堪重负而丧失学习数学的兴趣和热情。同时，多媒体辅助教学系统一般比较新颖，它可以通过形象的、生动的画面帮助学生认识数学问题，也可以通过一些清晰的文字来传递信息。但是，如果这个多媒体运用得不到位，只是停留于好看的表面，就会让学生接受走马观花式的教育，甚至一些设计不合理的画面更会导致学生精神不集中的问题出现。因此，教师们需要强化自身制作多媒体幻灯片的技术，充分保证所传递的知识不超过学生的心理限度，这样才能促进学生积极主动地思考和学习。

2. 减少了师生交流

在小学数学的教学过程中，教师和学生是教学的参与者，多媒体教学系统只是教学的辅助者，因此，如果过多地使用多媒体，采用机械化的知识传递方法，会在一定程度上减少教师和学生之间的交流，这对于教学活动的开展是十分不利的。教师的讲解、引导和提问，对于学生深入学习数学知识至关重要，小学生的年龄比较小，需要一个良好的启蒙教师来进行引导，更需要他们为自己答疑解惑。如果教师只是通过多媒体教学系统来开展教学活动，就会忽略学生们教学后的反馈，也会减少与学生之间的情感交流。这对于激发学生学习数学的兴趣、培养学生积极主动思考问题的能力有很大的负面影响。同时，这也不利于教学活动效率的提高，甚至会与教学目标相距甚远。

二、多媒体在小学数学教学中的应用探析

随着高科技信息技术的不断推广和应用，小学数学教育中信息技术的应用范围变得越来越广，给小学数学教育与信息技术的整合提供了重要基础，对于促进我国小学数学教育不断改革有着重要影响。因此，不断促进小学数学教育与信息技术的整合，才能更好地提高小学生的素质水平，最终提高小学数学教育整体效果，是我国小学数学教育不断创新的重要保障。以下就小学数学教育与信息技术的整合进行概述，提出小学数学教育与信息技术的整合策略，以促进小学生各方面能力不断提高。

(一) 利用多媒体，激发学生的兴趣

运用多媒体技术导入新课，能全方位、多角度地激发小学生的好奇心与求知欲，使他们产生学习的动机。在讲授"数字与编码"一课时，教师从网络上搜集有关编码的图片制作成一段影片，再加上效果和音乐，呈现在学生面前。这样激发了小学生的求知欲，使他们对数字与编码之间的联系充满了好奇心。这样的引入激发了学生的兴趣，使他们产生了学习动机，明确学习目的。有些学生认为学习数学是一件很枯燥的事情，对数学的认识仅仅停留于乏味的计算，对数学没有学习兴趣。小学数学课程标准强调数学要与自然及人类社会密切联系，让学生了解数学的价值，增进对数学的理解和学好数学的信心；使学生具有初步的创新精神和实践能力，在情感态度和一般能力方面都能得到充分发展。教师可以借助信息技术、网络媒体，使学生从书本上学习数学知识扩展到在生活中获取相关信息。网络资源图文并茂，信息量大，获取信息便捷快速，深受学生的喜爱，如果能有效地运用网络等信息技术手段将增强学生的学习兴趣，学生会乐于去了解数学、学习数学。在利用信息技术的时候，教师可以将教学内容投影到屏幕上，并在计算机的操作中添加各种色彩、音乐和图片等，可以大大提高学生对数学学习的兴趣，从而促使小学数学教育内容更加丰富。

(二) 在课堂教学中多媒体课件要突出重点、目的明确

在用多媒体课件时，不一定是课件越漂亮越好、场面越壮观越好，关键在务实且重点突出。课堂上，如果学生把注意力都放在了画面的浏览上，那对课堂上该掌握的重点就会抛之脑后了。因此，制作多媒体课件要务实，让实用性

课件成为多媒体教学的主流，课件要求不必特别美观，涵盖的知识不必很多，只要能使抽象、难懂的内容变得直观、易懂，有利于学生更好地接受和内化所学知识就够了。多媒体教学在当今课堂上的作用是很重要的，但是要看老师怎样去发挥它的效率。在实际教学中不少教师对多媒体教学的目的不明确，认为在教学过程中使用了多媒体，自己的教学就先进、教学手段就现代化、学生就能学得好，这样恰恰忽略了多媒体只是教学的一种辅助手段、是为教学服务的这一特性。因此在多媒体教学中目的要明确，切忌不考虑教学实际，把课件制作得变化多端，让人眼花缭乱，使用各种声音轮番上阵，影响学生的注意力和思维的延续性，这样的效果就有违多媒体使用的初衷。

课件是为教学服务的，一方面要突出儿童的特点，设计要新颖，突破难点，重点的地方要尽量让它动起来，并配以适当的声响效果以便提醒学生注意和帮助学生理解知识。另一方面，其他一些无关紧要的附设画面要让它静下来，不要让它扰乱学生的思路，在体现美的同时应该主次分明。另外课件制作不能贪多求全，过多应用会剥夺学生学习的主体地位。如果整节课老师都是对着课件讲，长此以往，学生的视听觉就会麻木，课件就吸引不了学生，学生缺乏学习兴趣，产生厌学情绪，课件就发挥不了它的优越性，当然就达不到预期的教学效果。课件的结构要灵活，具有一定的弹性，给教师以更多发挥的空间，充分调动教师讲课的主观能动性。切忌限制教师的思路，限制学生的思维，忽视学生的反馈和师生互动交流。

(三) 有效利用多媒体培养学生的创新能力

数学是最富有创造性的学科之一，它是一门研究现实世界的空间形式和数量关系的科学，那么多媒体信息技术可以创设富有启发性的问题，激发学生的创新思维，从而提高学生的创新能力。具体说来，教师可以运用多媒体充分挖掘教材，引导学生通过自己动手操作探究，去发现问题、分析问题并进一步解决问题，这样一来，学生的逻辑思维能力、空间想象能力以及数学运算能力，还有学生的智力都得到了很好的发展，学生的创新思维也得到了很好的开发与提高。所以说作为初中数学教师，一定要充分利用多媒体的优势，调动学生的多种感官，让学生积极思考、探索，从而提高学生的创新能力。

(四) 转变教学模式，合理设置情境

目前，小学生的生活与学习基本上是联系在一起的，他们没有过多地接触社会，因此，思维能力在一定程度上会受到限制，使得部分小学生思考问题的方法比较死板，根本无法将数学问题与实际生活相结合，极大影响了小学生综合素质能力的提高。因此，在实践教学过程中，小学数学教育与信息技术需要整合，必须快速转变教学模式，树立现代教学理念和观念，根据学生的实际学习情况和教学内容，合理地设置教学情境，才能将来自生活中的问题与小学数学教育的难点、重点结合在一起，最终充分发挥信息技术的作用，确保我国小学数学教育水平的不断提升。通常情况下，信息技术的合理应用主要是让比较抽象、难度较高的数学知识点变得更加形象、生动，从而便于学生理解和教师讲解，教师可以省去很多板书的时间，以充分提高小学数学教育课堂时间的利用率，最终推动我国小学数学教育多元化发展。

(五) 信息技术的应用要讲求实效

信息技术与课程整合的目的是更好地解决在传统教学中不能解决或难以解决的问题，但并不是所有的课型都适合使用信息技术辅助课堂教学，要做到教学内容与信息技术有机统一，该用则用，不该用就不要勉强，能用实物演示的，何必一定要制成三维动画？信息技术确实有许多优势，但其他常规多媒体也不是一无是处。"尺有所短，寸有所长"，如投影的静态展示功能，幻灯的实景放大功能，教具学具的实物感受、空间结构功能等，这些功能信息技术手段不可能完全替代。有些教师甚至连板书也让计算机代劳，屏幕代替了黑板，教师只是操作员与画面讲解员的角色，教学失去了应有的鲜活与生动。所以，教师不要一味追求时髦，应根据教学需要选择合适的多媒体，让信息技术和其他常规多媒体有机配合，发挥最佳效果。

(六) 做到形式新颖，能吸引注意力，刺激兴趣的增长

20 世纪六七十年代，小学数学教学模式的基本情况是：教师一手拿教鞭一手拿教科书，然后用粉笔把数学字符或公式写在黑板上。到了 20 世纪 80 年代早期，出现了卡片模型，即画有图形的小卡片，但是教学形式还是比较单一。到了 20 世纪 80 年代后期，多媒体技术逐渐被广泛地应用于教学中，这种教学模式将枯燥的数字结合图形、声音整合成一个整体，给学生以视觉、听觉的双

重感受，在吸引学生注意力的同时，也激发了学生学习数学的兴趣。

例如，在讲《数学》三年级上册"四边形的认识"时，用多媒体课件设计以下的教学情境：校园的操场上有篮球场、足球场，还有花池，以及铺着不同形状的石头走廊等。坐在花池旁边的两个小学生彼此问道："咱们操场上都有什么形状？"接着画面转换为，标有黄色的椭圆形、红色的长方形、粉色的正方形、绿色的平行四边形、紫色的三角形和蓝色的梯形，然后教师问学生哪些图形是四边形。学生回答完后，向学生展示如何通过拉升及缩放来实现不同图形之间的互相转换，并让学生自己动手进行体验，经过反复的演练，学生的兴趣得到了激发，吸引力也被集中到课本及图片上来，提高了学生的积极性与参与性，帮助学生树立了学习数学的强烈的好奇心，扩展了学生的思维能力，提高了教师和学校的教学效率以及教学效果。

三、小学数学教学中应用多媒体技术的典型问题

(一) 多媒体教学的"度"

在运用多媒体设计小学数学课堂教学中，有些教师把整堂课设计成多媒体课件。这些课件从课题、题号到结尾，把课堂40分钟全部用多媒体课件控制起来，其结果是课堂教学活动呈流水线式的程序化模式，教师成了实现这一模式的"机器操作者"，教师与学生之间的互动被一个冷冰冰的机器隔断，造成的后果是整个课堂的主体既不是教师，也不是学生，而是多媒体课件。多媒体要强调辅助性，运用多媒体不是替代传统的教学方法和教学手段，而是辅助课堂教学，使教师讲授的内容更丰富、更生动。如在教学"认识时间"一课中，就只需要设计一个课件。首先用多媒体展示一个钟面，让学生清楚地看到钟面上有十二个数字、指针和格子，同时通过图像的闪烁及声响效果，让学生了解钟面被十二个数分成了十二格，每个大格又被分成了五个小格；接着再动态演示时针走一大格，分针走一小格的过程，让学生清楚认识时和分；然后，通过色彩变化和动画演示分针走一周时针刚好走一大格，让学生得出60分钟等于1小时的结论。

(二) 注重多媒体教学的"实效性"

实践证明，课件只要运用恰当，就会取得事半功倍的作用，若使用不当则

会画蛇添足。正确处理好课件的形式和内容的相对统一显得尤为重要。教师在选择课件或制作课件时既要注重课件的可观赏性，又要避免过多的感官刺激。画面格式、背景颜色、动画效果等外在形式确实可以吸引学生注意力，但是花样太多反而容易冲淡讲授内容，影响学生思维，分散学生的注意力。多媒体技术集语音、图形、文字、动画于一体，使"无声"的课本知识变得有声有色，能吸引学生在情感上和行动上积极参与，但多媒体技术在小学数学课堂中用得过"多"、过"滥"、过"花"，违背了学生的认知规律，也背离了多媒体辅助教学的"辅助"的本意，更弱化了教师在课堂教学中的主导作用。结果是华而不实，喧宾夺主，冲淡了主题，分散了学生的注意力。

(三) 注重多媒体教学的"生活性"

在平时的数学教学中，有的老师为追求课件的形式美，选取的材料脱离了学生的生活实际，学生观赏课件后"雁过无痕"，课件不能很好地帮助学习。有位老师在教学四年级数学"垂直与平行"时，选取了学校一级一级石梯的图片、教室里黑板的图片、操场上高低杠的图片，学生通过身边的平行、垂直现象，了解平行、垂直的特征，发现并交流身边还有哪些平行、垂直。这样，学生看到生活中的数学，觉得数学并不陌生，学习就有了动力，也使数学思维从直观体验中上升到抽象思维。信息技术作为现代教学的一种辅助手段，我们在教学时，要将它与传统教学手段有机结合，做到互相渗透，互相补充，把握使用的度，把握使用的时机，让它更好地服务于我们的数学教学，为我们的数学教学增色。

(四) 现代教学手段要与传统教学手段相结合

多媒体教学信息量较大，变化快，有时学生很难跟上课件的速度，想在课堂上吸收和掌握知识有一定困难，想记笔记却又来不及，或者记了笔记却又来不及揣摩吸收教师的讲解，一时找不到重点。小学阶段学生对事物的认知程度还不高，在掌握知识的过程中需要一定的模仿，而老师无疑应该承担起榜样这一角色，最好把每个典型题型的解答全过程以直观、简洁、明了的板书方式呈现在学生面前，有助于学生尽快入门，因为数学学科的特点体现在其对思维严密性的较高要求、创新能力的培养等，从小学就应该给孩子灌输这样的理念，在演绎公式的推导、运算的演变方面，笔尖流露出来的是思维的物化，是一种数学美的体现。这种推导、演变结合正是传统教学优势所在，毕竟学生学习还是在靠双手解题，靠笔书写。而多媒体演示这些流程反而拉开了学生和知识的距离。任何一节课都有它的重点、难点所在，不能平铺直叙地讲到底，也不能自始至终地用多媒体演示，这样只能是喧宾夺主。传统教学手段与现代教学手段应有机地结合起来加以应用。简单的地方让学生自己通过读书、动手操作等方式来学习，重点难点的地方才用多媒体进行演示。还要不时穿插适量练习并进行提问，老师做适当的板书补充和讲解，培养学生的能力。这样老师应用多媒体演示、讲解时才能体现教学的重点，多种教学手段和方式相结合，这样一节课自始至终学生的注意力都是集中的，学习效果自然不言而喻，比起老师整节课不断地用多媒体演示、讲解而造成的视觉、听觉麻木要好得多。

(五) 不能只依靠多媒体进行教学

在我们重视让学生通过网络和多媒体进行协作学习的同时，不能忽视课堂上学生面对面的交流与合作学习。如让学生前后四人合作设计一个方案。在设计方案前，老师首先要让每个学生明确问题，独立思考，努力找到解决问题的方法。然后，在这个基础上，学会分工合作，各抒己见。最后，老师要对小组合作的有效性进行及时评价，比如我在这个活动中为小组做了什么事，有什么贡献。然后，以一星级、二星级、三星级来表示学生在活动中的价值。同时，在小组中，还要注意发挥每个人的作用。老师在这个过程中不仅要给学生充裕的时间，还要让学生学会尊重，对于错误要及时纠正等。

(六) 评估方式切忌死板

"小学生数学多媒体网络学习能力评估表"目前是一种给听课的教师和执教的教师对学生进行客观评价提供分类的指标，但是如何测量和评价网络和多媒体介入教学过程后各种教学和学习方式产生的效果；如何测量和评价学生学习成果和作品，测量和评价学生信息化环境中合作能力、解决问题的能力；如何综合测量和评价学生知识与技能、过程与方法、情感态度价值观等，该表还存在着效度和信度方面的问题，这是我们今后要进一步研究与探索的问题。

(七) 要注重凸显数学问题的真实性和实用性

尽管我们生活在一个网络时代里，但我们一定要让学生感到数学是真实的，数学就在我们生活中。家里、公园里、商店里、田野里都可以是数学课堂，各种考察活动、买卖活动、休闲活动之中都有数学问题和数学知识。

第四节　数学教育中对学生独立思考能力的培养

一、当代学生独立思考能力欠缺的现状

(一) 传统教育导致当代学生压力倍增

中国教育正呈现出一个奇怪的现象，一方面，在"不能输在起跑线上"的焦虑心理作用下，学生开始学习知识和掌握技巧的时间一再提前，小学中学化，幼儿园小学化，勇往直"前"，恨不得提前到胎儿阶段，留给孩子们用于游戏的时间越来越少；另一方面，大学对招进来的学生评价越来越低，不得不下大力气去补基础教育落下的"功课"，纠正基础教育的偏差，重新培养学生的兴趣和好奇心，提高他们的认知能力和科学素养。

教育是一个连续的接力赛，前一棒的任务没有完成，后一棒就不得不先把前一棒的"旧账"还上，才能启动自己的赛程。但现实往往是"旧账未了，新账又来"，高等教育自身所面临的困境和挑战也需要大学提供更强有力的解决方案。在前后两方面作用力的夹击下，中国大学的人才培养质量与社会需求的预期渐行渐远。市场是最敏感的，劳动力市场上供给和需求之间的非均衡现状，根本原因在于大学人才培养质量的事实性下降。

这种现象并非中国独有，即使在当今教育最发达的美国，情况也并不乐观。高等教育的成本直线上升，但社会对大学人才培养质量的评价却并未随之提升。延续了数百年的"学历＝能力"公式似乎受到现实社会越来越强有力的挑战，也迫使美国顶尖大学开始重新思考和定位本科教育教学的形式与内容，以更好地满足社会需求。一个看起来正在发生的事实是：我们生活的这个世界已经出现了一些根本性的变化。

的确，我们正处在一个飞速变化的世界，其变化的速率正在超越人类的想象力边界。大学的根本任务是人才培养，但大学并不完全为当下的现实世界培养人，更重要的是，大学所培养的人将要面对未来的世界——一个可能和现在

完全不同的世界。二十年前的人能够想象到今天我们所生活的世界吗？不能，正如今天的我们也同样无法想象二十年后的世界将会怎样。因此，本科教学的本质，就不在于教给学生过去的具体知识和技能——这些知识和技能即使不会过时，也很难应对未来世界的变化——而在于激发学生的潜能，提高他们处理复杂资讯的能力，启发他们探索未知世界的勇气和好奇心，使学生能够面对未来一个完全不同的世界，帮助他们解决未知世界面临的难题。

(二) 传统教育模式不适应独立思考的条件

中国的教学正面临着相当严峻的挑战，无法适应正在发生的深刻变化。

1. 教师"研讨式"教学

学生变得不爱提问题，不会提问题，也提不出有价值的问题。学生很少有提问题的欲望，不知道问题在哪里，即使勉强提问，提出的也很难称其为问题。如果说，在传统的"演讲式"课堂里，学生不提问题尚可蒙混过关的话——他们只需带着耳朵来听即可，甚至不听也没有关系，因为教师无法进行有效监控——在新的"研讨式"课堂中，不提问题就会产生非常严重的后果。

"研讨式"教学要求学生必须在课堂上讨论，讨论就要提出问题，提不出问题讨论就无法开展。课堂时间极为宝贵，如果学生不提问题，时间就会在沉默中飞速流逝，学生不能在课堂里接受必要的训练，其结果将比原先的"演讲式"教学还差——在那里至少他还接受了一些信息。最终的后果是无法产生实际的教育效果。由于无法组织有效的课堂教学，学生在课堂里接受不到对他们而言极为重要的批判性思维训练。事实上，如果教师和学生都没有做好充分准备和接受过良好训练的话，"研讨式"教学就只会变成一个吸引眼球的教育改革措施，却起不到任何实际的教育效果。

2. 学生正在丧失极为宝贵的思考能力

现在的学生习惯于跨越过程，直奔结果。问题的关键在于，只要是结果，就一定是确定的，无非是好的结果和不好的结果而已。但全球化带给我们最重要的挑战在于，我们现在和未来所面对的世界，将具有越来越大的不确定性。在最极端的情况下，我们甚至不知道明天会发生什么。如果学生不能从过程入手去思考、分析、研究问题，而只追求结果的话，当他们一旦面对巨大的不确定性时，将会手足无措，陷入迷茫和恐惧之中。反之，如果学生不断养成思考的习惯，特别是形成了批判性思维的话，当他们面对一个不确定的世界时，至少他们心里不慌，知道该从哪里入手去解决问题。

由于思考能力的丧失，学生对未来产生了深深的迷茫和恐惧。他们不得不选修大量课程，企图通过学习知识充实自己，用课程填充时间。在他们的意识里，无论外部世界如何变化，只要有一技之长在手，心里就有底儿。然而，当面对未来一个完全不同的世界时，现在所掌握的技能性知识也许不能有效地解决面临的难题。再加上互联网和智能手机的普及，学生基本上没有时间去读书，因而更没有时间去思考，导致独立思考能力进一步退化。

(三) 基础教育中培养独立思考能力方面的欠缺

小学阶段的学生具有非常大的可塑性，每个人都蕴含着巨大的潜能。小学数学教育中的目标是什么呢？就是要求小学生能够利用自己所学的知识进行数学问题的思考和解决。教学中重点是要培养小学生的数学思维能力和逻辑分析能力，并开发小学生的智力。要想实现这一教学目标，就要结合当前小学数学教学中的问题，有针对性地采取对策，进行小学数学教学的改革。

独立思考能力指面对问题独立进行思考和分析，并找出解决问题的方法。在教育中，独立思考能力的培养是十分重要的一项内容，尤其对于小学生而言更是十分重要，只有养成独立思考的习惯，才能在以后的学习和生活中通过自己的独立思考解决问题，才能提高自身的能力素质。因此，在小学教育中培养学生的独立思考能力是十分重要的一项教学任务。在我国现阶段的小学数学教学实践中，对学生独立思考能力的培养还是十分欠缺的，这一问题体现在教学的多个方面，形成原因也是多样的。

1. 缺乏对小学生主动思考能力的引导

培养小学生独立思考能力，就是要积极地引导学生进行主动思考。但是在目前，大多数的小学教学中都是强调教师的讲授，学生处于被动接受的教学方式，因此在小学教学中，培养学生独立思考的能力是一件非常重要和困难的事情。而且小学教学本身具有特殊性，即学生的思维方式很简单，独立思考能力是不够的，更需要老师给予耐心的引导。可是教师所给出的题目和答案都是标准化的，包括课下和课外的学习也是按照老师布置的作业进行练习和背诵笔记。学生在这样的学习过程中无法自主学习，得不到主动思考的引导，独立思考的能力更是无从谈起。

2. 缺乏教师引导、学生自主的独立思考教学模式

根据研究表明，相当多的教师的教学设计一般是用为数不多的课时进行知识点的阐述，随之通过相当多的课时让学生进行练习。在传授知识点的时候，因为课时进度的组织和设计，教师的传授速度相当快。同时整堂课均是教师在讲解，学生仅仅是听课。教师根据自身的思路进行授课，一般不考虑学生的想法。一节课结束，教师实现了教学目标，但是学生听得不明白，对相当多的知识点均不能进行自主思考。

而且我国的应试教育一直是需要改进的教育模式，学生从小学入学开始就围绕着考试进行学习，也正是受应试教育的影响，日常授课中教师极其重视学生的成绩，在课下利用布置繁重的练习来巩固课堂上学到的知识。学生的学习负担变得繁重，更加缺乏独立思考问题的时间，导致了学生思考问题的能力长时间被压制，更加不愿意主动对问题进行思考。

二、培养学生独立思考能力的重要意义

(一) 独立思考是思维启迪的开端

思维是人的重要特征，而思维的灵魂在于它的独立性，否则只是人云亦云，无独立的思想可言。所以，从大处说，独立思考是有所发现，有所突破，有所创造的前提。没有独立思考，谈不到创造，只能亦步亦趋，照猫画虎。可以说，没有独立思考，社会不能进步，科学不能发展。要有独立思考的能力，首先要有独立思考的习惯。思维从问题开始，遇到问题，要经常问为什么。

(二) 独立思考是高效学习的重点

独立思考主要表现为有主见，为了让学生的主见尽可能接近真实，要在实事求是上下功夫。在观察事物、讨论问题、分析案例或总结反省的过程中，分析真伪，判断正误，评论优劣，并鼓励学生大胆质疑，提出自己的见解，从而养成独立思考的习惯，使其受益终身。

就学习过程而言，独立思考是学好知识的前提。学习数学要重在理解，要想清道理。只是教师讲解，而学生没有经过独立思考，就不可能很好地消化所学的知识，不可能真正深入地想清其中的道理，使之成为自己真正掌握的知识。

所以，独立思考是理解和掌握知识的必要条件。在教学中，要培养学生各方面的具体能力，独立思考能力是一个核心。不善于独立思考，各方面具体能力的培养将受到极大影响：在能力层次上不可能达到较高的水平，不可能有效地运用各方面的能力，独立地去分析、解决问题，特别是遇到的新的、难的问题。

说得再具体些，许多学生在学习和解题时不会独立处理问题，或独立处理问题的能力较差，这不是由于题目做得少，而是平时缺乏独立思考，没有独立思考的能力和习惯。如果平时对每一个问题都能独立地进行分析思考，遇到问题自然会去钻研，而且敢于独立钻研，独立解决问题。下决心改变陈腐的传统教育思想和教育方法，鼓励学生独立思考，对于书上写的、老师讲的，都要倡导学生经过自己的头脑独立分析，不要迷信老师，不要人云亦云，也不要死记硬背。求甚解，要让学生在自己的脑子里多画几个问号，多想几种办法。只有这样，才能学得好、记得牢。

(三) 独立思考是创新的前提条件

独立自主不仅意味着行动上的自立，而且意味着思想上的自立，即凡事能独立思考。独立思考对于培养复合型人才具有重大意义。当前，改革教育思想和教学方法是教育改革的一项重要内容。新时代所需要的人才是具有独立思考能力的人。注重启迪学生去独立思考，去开辟新的知识领域，提出新的见解，辨伪去枉，去伪存真。

独立思考是一种正确的学习态度和科学精神，是不依靠别人，完全凭借自己独立地进行比较深刻、周到的思维活动。教育从小抓起，已是人们普遍接受的真理。对于小学生，要充分重视培养独立思考能力的重要性，许多实践活动的共同要求是创新或者发现新事物，因此，要创新，就必须善于独立思考。

(四) 独立思考是个人发展的先决条件

原来的教育体制是对学生知识掌握的审核，必须仔细学、肯学，才可以具备较好的发展前途。近几年来，在中国经济格局变化的同时，应摒弃记忆知识的人才观念，应该培养勇于创新的人才。所以在进行教学时需要使学生学会自己思考，有自身的想法，学生在学习的时候应单独思考，才可以发现问题、处理问题，由此则具有了创造力的思维形式，成长后才可以在事业上获得成功，在专业方面取得卓越成绩。

(五) 独立思考是社会竞争力的要素

独立思考并解决问题是一种强大的社会竞争能力，从教育心理学的角度来说，越早展开相应的培训和锻炼，所获得的成果也就越大。从提高全民族素质的角度考虑，教学中应着力强调培养学生独立思考的习惯和能力，更具有现实意义与针对性。现阶段，在我国全面推广素质教育的今天，为了适应激烈的市场竞争需求以及人才培养战略，在基础教育阶段展开独立思考能力的培养至关重要。

三、小学数学教学中培养学生独立思考能力的途径

(一) 抓住小学教育的特点与学生群体的特性

小学生的年龄比较小，社会经验欠缺，思维方式比较简单，具有不定性的特点。而小学数学作为一门有着较强逻辑思维性的学科，很多学生都难以对其产生兴趣。因此在小学数学教育中，教师必须要不断激发学生的学习兴趣，让学生养成良好积极的学习习惯，通过自己的独立思考来解决问题。在学生的独立思考能力得到了锻炼之后，学生的思维模式与系统逻辑等方面都会有一个惊人的转变，能够促进学生的自主学习，有助于推动学生的全面发展。

(二) 转变思想，将学生的主体地位有效发挥

传统数学教育方式多以应试教育为主，就是教师按教学目标将教学内容传授给学生的整个过程中，小学生都是在被动地学习，完全没有体现出学生在课堂教学中的主体地位。教师在紧张的授课过程中，忽略学生对知识的理解和掌握情况，在教师看来高效率的课堂教学带给学生的却是紧张感和压迫感，完全激不起学生的学习兴趣，这样的教学效果是无效的。教师应该勇于面对这一现实问题，调整教学方案和策略，在课堂教学中有效穿插互动环节。让学生在紧张的听课之后稍作缓息，留给学生充足思考时间，让学生感受到自己才是课堂教学的主体。另外，教师在选取教学内容时可以结合学生的兴趣爱好特点，选取能吸引学生注意力的案例进行讲解，培养学生自主意识，让学生自愿参与到数学解题过程中，让教师看到被动学习和主动参与带来的不一样的教学效果，比如教授乘法口诀之后，可以组织学生玩乘法口诀接龙游戏，每人一句，按顺序一直说下去，通过这样的游戏，每个人都有发言的机会，提高参与度，让学

生从授课时的被动转变为主动，提高积极性。

(三) 教学内容的选择要引起学生兴趣

小学生所处年龄段正是开始了解事物的时期，此时学生具有较强的好奇心，所以教师在教学内容选择方面要考虑学生的心理，选取具有特点和能吸引学生注意力的教学内容，以让学生听课时高度集中。同时教师也应该在教学中穿插一些生活案例，让学生感觉到素材的新颖，跳出课本的禁锢，促进学生在生活中对数学知识的运用能力。通过这样的方式带动学生乐趣，将数学所学知识运用到现实生活中，提升学生解决现实问题的能力。例如教学偶数时，教师可以通过游戏方式让学生了解偶数的定义，如教师可以拿起一盒粉笔，并告诉学生里面的数量是2的整数倍，也就是偶数，让学生猜想共有多少支粉笔。这样调动起学生的积极性，让学生感觉到趣味性，同时将书本中的数学知识有效地转化成日常问题，让学生认识到数学知识不单是理论知识，将其应用到日常生活中，更能激起学生主动学习数学的欲望。

(四) 利用生活中的文化调动学生积极性

小学数学的知识看似抽象、枯燥，但实际上都源于生活，更与生活有着密切的关系，小学生正处于开始有意识探索的阶段，作为小学数学教师，要紧紧抓住小学生的这一特点，在数学教学中融入生活元素，并启发小学生对生活中的数学问题进行独立思考，让小学生感受到数学的用处和乐趣，从而提高对数学的学习兴趣，积极主动地利用数学知识进行实际生活问题的思考，并解决一些实际问题，这种方式对于小学生独立思考能力的提高，是十分有效的，应当在教学中应用。

在小学阶段学习的数学知识大都能在生活中运用到，所以针对这些数学知识，在传统课堂教学之外，可以将学生带到室外进行课外教学，一方面让学生感到轻松，另一方面让学生切身感受到校园的文化气息，并通过这些氛围的熏陶，陶冶学生学习数学的热情。教师通过多元化教学方式扩大知识面，从而开阔学生的数学眼界，让学生主动提高对数学知识的求知欲，在参与活动的同时学到数学知识，让学生对数学的理解和运算更清晰透彻，有利于学生日后独立思考能力的提高。教师可以将生活中的实际问题引入课本知识中，让学生有效地将课本知识与现实问题相结合，有助于学生对数学的理解和实际解决问题能力的提高。

(五) 营造活泼、民主的数学学习氛围

传统应试教学方式不利于学生独立思考能力的发挥，因为传统教学氛围沉重、乏味，缺少活力，教师生硬的教学方式和态度让学生仅仅是被动地学习，无法提起对数学的学习热情，甚至失去对数学的学习兴趣，更谈不上主体地位的体现。因此，针对这一系列问题，教师应该寻求解决路径，如何为学生提供能够独立思考的环境和机会是教师应该考虑的重点。人们常说轻松愉快的环境能最大程度地开发人们的学习潜力，所以教师在授课过程中应尽量保持课堂气氛的活跃度，为学生营造活泼、民主的教学环境，摒弃传统的"教师说的都是对的"观念，鼓励学生表达自我想法，因为在知识学习中一味依赖教师，是无法锻炼独立思考能力和创新能力的。在此过程中，即使学生表达的观点并不正确，教师也不应该打击学生的积极性，应该正确地引导学生转变思路，培养学生勇于表达想法的精神，对学生独立思考能力和创新能力的提高有一定的帮助。

(六) 教师从自身出发，改变陈旧的教育观念

教师在学生培养独立思考的过程中占据着重要位置，首先是教师观念给学生的思维模式带来了很大作用。部分教师觉得教学实际上是使学生了解数学公式，掌握好数学概念，这是正确的，然而其不足之处在于教师很久以来一直在考虑如何将知识点讲解得越来越深入，如何使学生听得更清晰，而非考虑如何使学生主动学习，使学生自身动脑筋以了解知识。其次，教师需要有目的地培养学生自己动脑的技能。学生的独立思考水平是后天培养形成的，应该让教师潜移默化地进行培养。教师在规划教学时需参考学生的特点，为学生自身思考创造条件，从而增强学生独立思考的水平。

四、在小学数学教学中培养学生独立思考能力的具体方法

(一) 倡导以生为本，注重学生主体性的发挥

传统的教学模式不会唤起小学生浓厚的学习兴趣，教师如果简单地进行传统教学，忽视了学生的主体地位以及学习技能的培养，会极大牵制学生对问题独立思考的能力。尤其是在小学数学教育中，老师是课堂上绝对的主导者，很

多老师为了尽快完成教学任务，课堂上往往只是单纯地给学生讲解书本知识，学生只是被动式地接受，学生的主体性受到严重限制，导致小学数学课堂气氛死气沉沉，学生对数学渐渐失去了兴趣，不利于学生独立思考能力的养成。因此，教师应倡导以生为本，注重学生主体性的发挥。首先，教师可以让学生在生活中多留心，发现生活中所能用到的数学知识，这样在课堂教学时更容易吸引学生的注意力。其次，教师还应当灵活采取与学生实际相适应的教学方式。最后，教师不能把课堂知识讲解作为课堂教学的全部，在课堂知识讲解完毕之后，还应通过提问让学生进行思考，待下一节数学课时再为大家揭晓答案。

(二) 注重学生独立思考能力的培养

学生一旦具备较强的独立思考能力，不仅能让学生在独立学习的过程中掌握知识，而且还有助于激发学生学习数学的兴趣，这样就会更加积极主动地动手实践，有助于提高学生的创新能力。为了更好地培养学生的独立思考能力，首先，教师应该鼓励学生在正式上课之前对上课内容进行预习，并找出重点和难点，这样在课堂听课的过程中才会更加具有针对性。其次，教师在课堂教学过程中，可以通过课前问题导入的方式鼓励学生进行主动思考，同时还应提高课堂教学的能动性，有助于调动学生的学习积极性，让其在动手探究中掌握新知识。

(三) 营造良好的学习氛围

表面上看，小学数学既抽象又枯燥乏味，但是实际上，很多数学知识都是来源于实际生活，和人们的日常生活息息相关。因此，教师在课堂教学过程中，应当营造良好的学习氛围，活跃学生的思维活动，有利于学生独立思考能力的养成。教师还可以开展趣味性十足的课堂教学活动，开展有益的校园活动，还可以用多媒体为学生播放生活中有趣的数学小视频，在提高学生积极性的同时让学生的自主学习能力得到培养。另外，教师还可以在组织校园活动的过程中，培养学生的独立思考能力。

(四) 创造出舒适的小学数学教育环境

在传统的数学教育中，教师一直都是教学中的主体，其在某种程度上就是整个教学工作的控制者，这大大抑制了学生的学习积极性。因此教师必须要加紧转变教学观念，坚持学生在教学中的主体地位，以学生的学习需求为出发点进行教学，采取趣味性的教学方法，积极鼓励学生进行独立自主学习，适当向学生提问，让学生通过自己的思考或是查阅相关资料找到问题答案，帮助学生在学习中找到乐趣，增强学生的学习信心，这会促进一个民主舒适的课堂氛围的形成。在这种充满民主性的教育氛围中，不仅能够减少学生的学习压力，而且也有助于提高学生的学习热情，学生会愿意在课堂上思考、发言，有助于让学生逐渐养成独立思考的学习习惯，为学生独立自主能力的培养创造了条件。

(五) 结合学生的学习兴趣开展小学数学教学

数学是一门逻辑思维非常强的学科，有些学生会觉得数学学习比较难，不愿意主动思考问题。教师针对这一情况要在日常授课中进行改进，根据学生实际生活的趣事引入教学内容，调动学生学习的积极性。而且数学的系统性与思维性十分明显，很多学生都认为学习数学比学习其他学科有着更大的难度，这会抑制学生独立思考意识的养成。因此，教师要结合学生的兴趣点，让学生在日常生活中找到与数学相关的内容，利用充满趣味的生活素材来进行教学，这能够大大增加学生在学习数学时的趣味性，降低了学生的学习难度。学生可以通过一些直观形象的事物来实现对抽象笼统数学书本知识的理解，在学习难度降低之后，学生的学习兴趣会更加强烈，并会愿意在学习的过程中动脑子，通过自己的独立思考来解决问题，在学习中获得满足感与成就感。

例如在"米和厘米"的学习中，教师可以让大家说说每个人的身高，先让学生对本节课学习的内容有概念，再让学生用手比画出1厘米与1米有多长，学生在这样的问题中会对米和厘米产生兴趣，接着教师可以让学生用尺子量一下桌子的长度等。这样学案设计意图是使学生先建立关于米和厘米的概念，之后进行1米与1厘米的测量强化概念，以便让学生独立思考出米和厘米有什么关系。授课中，让学生在自己动手中思考问题，并且测量是实际生活中经常会用到的技能。这样，便可以充分调动学生学习数学的积极性，将抽象的数学概念变得具体，学生在学习中也更愿意主动思考，从而培养了小学生独立思考问题的能力。

(六) 鼓励学生进行积极的相互讨论

对于小学生来说，讨论是其比较感兴趣的学习方法。在课堂讨论中，学生可以尽情地与同学就某一个数学问题进行充分的想象与思考，相互之间还可以交换学习建议，在同龄人的学习中，学生的各种思维都能够得到启发，学生可以尽情运用自己的思维意识来思考问题与解决问题，促进了学生独立思考能力的养成。

(七) 创设良好的课题引入

选择好课堂内容切入点，并让学生在课堂上进行问题交流也是培养学生独立思考的教学模式。例如在"笔算乘法"的教学中，数学教师可以让学生打开自己的小楷本，看看谁能又快又准地数出上面的格子，思考之后可以进行小组交流，总结有多少种方式可以数出本子上格子的数量。通过这样的课题引入，让学生思考数出本子上横格与竖格的数量，之后用笔算出相乘的结果，即是最后的答案。此外，还可以跟学生进行抢答游戏的环节：一只小鸡有2条腿，那么10只小鸡有多少条腿？一只青蛙4条腿，12只青蛙有多少条腿？对这些问题进行抢答，以多种多样的形式培养学生独立思考问题的能力，帮助学生将数学知识运用到其他领域并解决实际问题。

(八) 改变预习思维

其实在小学数学教学过程中有相当多的机会可以让学生独立思考，尤其是在预习这个重要的阶段。举例来说，在预习的时候，教师需清楚表明预习想要实现的目标，切记不能仅仅留预习的作业，而不对预习做出任何规定。相关数据表明，不做预习的学生在课堂上只有四成的掌握能力。而且大部分学生预习是仅仅读一下下节课需掌握的内容，读完也就是预习完毕，在头脑中仅仅是对需学习的知识有个大概的印象。

实际上，预习的过程是一个塑造学生独立思考技能的过程，教师需要把握好机会，塑造学生在预习时独立思考的技能。在布置预习作业时，教师须对预习的目标进行详细的规定，给出学生经过思考才可以得到答案的问题。在给学生出预习作业时，布置的作业量要适当，设计的问题需恰当，既不可以使学生认为不能回答，也不可以过于简单，设计的问题须使学生经过开动脑筋才可以得到答案。如此一来，学生在预习这种学习活动中会增强信心，促进学生独立思考水平的提升。

第五节　巧借数学错题，培养反思习惯

反思是一种必备的数学习惯，反思习惯是教师在教学中持久的培养而形成的。培养学生具有反思习惯，就可以把数学学习过程变为一种不断反思的提高过程，帮助学生形成一种自我反思的学习模式，促进学生对自己的错误进行深刻的反思并自我调控。教师要引导学生反思，让学生在反思中不断感悟；教师要经常自我反思，在反思中逐渐提升；师生共同反思，实现教与学的结合，学与思的结合。

一、细辨错因，培养反思意识

许多同学都存在着做过的题、错过的题会一错再错，经常掉进同一个坑里。问其原因，他们往往会异口同声地说是因为马虎，家长也常常抱怨孩子总是粗心。做错题难道真的只是马虎吗？其实不然，当他们静下心来思考，和老师一同分析时，就会发现其实错题的原因各不相同。有的是知识上的，那是真的没有掌握；有的是习惯上的，那实在是太不应该；有些是思维上的，那是真不懂。

同一道题，不同的学生有不同的错误和原因，相当一部分学生不善于对自己的思考过程进行反思，不会分析、评价和判断自己的思考方法的优劣，不善于找出和纠正自己的错误，不善于对既有的结论进行进一步的反思。因此，在数学教学中，有必要加强对学生反思习惯的培养，使学生养成良好的反思习惯，把数学学习过程变为一种不断的反思提高过程。

反思错题，弄清哪些地方容易出错，回忆自己解决问题的过程和结果，找出错题的根源，分析错误的原因，提出改进措施，明确正确的解题思路和方法。培养良好的反思意识，学生也会更乐思、巧思、善思，从而真正成为课堂的主人。

二、巧集错题，形成反思习惯

学生良好的反思习惯不是一朝一夕就能养成，也不是老师的几句话就能达

到的，而是需要教师一步一步地引导并坚持不懈地训练。因此，在提高学生认识的基础上，教师就要有步骤、有措施地进行训练。

(一) 错题本主要由三部分组成：原错题、改对题、错因反思

如果每道错题都要认真分析原因，对一部分学生来说本身就是个难题。还有一部分学生因为嫌麻烦，常常不能坚持，结果半途而废。学生对于错误原因分析也取决于老师本身的关注程度。如果老师对错误归因查得紧、查得严，学生就归因及时、认真。反之老师关注得少一些，部分学生也就马虎了事或拖着不分析。所以教师要经常反馈情况，对放弃的学生及时进行引导鼓励，让学生感到教师做这件事情的认真态度，感受到反思是非常重要的。

(二) 根据错题类型，激发反思兴趣，学会反思方法

预防避免错题发生是一种前反思行为，即培养学生在每一次作业或练习时，能主动地进行检查和检验，以降低错题出现的概率。学生错题反思能力的培养，要结合课堂教学，借助错题集及学生的错题反思，课内安排更多的相关错题的矫正训练、辨析训练、改错训练，以帮助学生培养自我反思的本领。同时形成惯性：一是计算题的反思分为一看符号二看数，进一退一想清楚；二是应用题的反思要做到三必，即必审题画批、必写清小标题、必列竖式计算。有了前反思，就会减少错题的出现，激发学生反思的兴趣与成就感，利于反思习惯的形成。

学生在学习、成长过程中，难免会出现种种错误，错误揭示了学生掌握知识和成长的过程中出现的问题，是学生在学习成长过程中不断尝试的暂时性结果。只要我们正视错误，就能利用错误引导学生在反思中学习，在反思中成长。

三、师生相互反思，提升反思能力

真正的反思性学习，应该是师生互动，生生互动，学生独立思考的过程。在反思性学习中如果总是以单一的形式展开，这样学生很快会觉得乏味。教师应独具匠心，别具心裁，鼓励学生采取多样化的反思性学习形式，提高反思的能力。

(一) 学生自我反思

数学学习的过程是不断发现问题、提出问题和解决问题的过程，自我反思的方法适用于学生考试之后。

学生用自己喜欢的方式，提醒自己注意的问题，这比教师千言万语的生硬要求不知要好几倍。考试前自定要求是必要的，考试后自我反思是必须的。学生错题并不都是知识结构上存在的问题，有的是因粗心大意、审题不认真等非智力因素造成，让学生反思可以达到"不攻自破"的功效，同时可以培养学生良好的学习习惯。

(二) 生生相互反思

反思学习也是一种依赖群体支持的个体活动，因此在教学活动中，教师要多给学生创造相互交流、相互讨论的机会，营造反思的交流氛围，一方面让学生呈现思维过程，另一方面努力培养学生认真倾听和善于反思的习惯，引导他们反思自己的学习过程、学习成果和学习习惯，实现智慧共享。每次测试之后，我们有必要以小组为单位，让学生看一看别人是怎么做的，引导学生看看彼此的试卷，说说自己出现的问题。

(三) 教师自我反思

学生出现问题，不应只是学生单方面的问题。教师教学中存在的问题恰恰是通过学生的错题反映出来。学生错题是"双面镜"，既反映学生在知识、习惯、思维上的问题，也折射出教学需改进的方面。学生反思，可以减少错题、提高成绩、发展思维；教师反思可以找到症结、提升教学能力。

比如这道二年级数学题：①有2排树，一排5棵，一排6棵，一共有多少棵？②有5排树，每一排6棵，一共有多少棵？老师发现这两道题学生常常错，而且过几天再做还会错，于是反思自己的教学：发现是没有引导学生运用画图的方法理解数量关系。低年级学生单凭文字理解太过于抽象，而先画图再解答容易许多。通过反思，教师及时改进教学方法，收到了很好的效果。

"智者见智，仁者见仁"，通过相互反思，学生、教师都会从他人身上学到许多优点，取长补短；同时反思的过程中既强化了学生对所学知识的深刻理解，也能从他人的错题中吸取教训。

数学自身研究和发展就是一个不断反思的过程，反思推进了数学的发展。著名学者周士渊说："世界上最可怕的力量是习惯，世界上最宝贵的力量也是习惯。"在数学教学中，引导学生学会借助错题反思，培养学生的自我反思意识与习惯，会极大促进学生思维的发展。

第四章　小学语文教学有效新方法

以学生为主体的学习提倡学生主动、积极的建构知识，改变传统教学中被动机械的学习方式，在课堂教学中具有承继性、实效性和现实性。作为教师，大胆地"退"，适时地"进"，从而促进学生自主学习，是构建有生命的课堂的必要保障。课堂，只有学生真正地参与、融入，有了想学的欲望才能变得生机勃勃。如何让学生成为课堂的主人，想学爱学呢？应从全方位地关注学生，备课、上课、反思过程中都应当把学生置于主体地位。尤其是在教学过程中，要给予学生充分地信任，让学生有思考、参与的空间。

第一节　语文课堂教学的"巧设悬念"

欧阳修《归田录》里说北宋的射箭能手陈尧咨，射箭十中八九；一个卖油的老头通过一个铜钱往盛油的葫芦里倒油，油尽，未见铜钱沾一滴油。任何事情要做到极致——无他，唯手熟耳。俄国作家托尔斯泰说："成功的教学所需要的不是语言的强制，而是激发学生的兴趣。"因此课堂的高效，有赖于教师的"手熟"生出的巧力，以四两拨千斤之势玩转课堂；有赖于"悬念"这一法宝，牢牢锁定学生的心，潜心文本，完成任务。教师巧设悬念，学生就成了兴致浓厚的观众，教师就可以在课堂教学中紧紧抓住学生强烈的好奇心，激发学生走进课本，学习知识的欲望。课上悬念的巧妙设置，得益于教师课下功夫用得深。任何一种教育，学生在其中越是感受不到教育者的意图，它的教育效果也就越大。

一、巧设悬念，激发学生兴趣

小学生年龄较小，他们的思维方式比较偏向于形象思维，而对抽象事物的理解能力较弱，因此，在语文教学课堂上，教师要想启发学生的思维，就要善于利用一些具有悬念性的问题帮助他们唤起想象力，激发学生浓厚的学习兴趣，集中学生在课堂上的注意力。

在设置问题的时候，教师一方面要围绕小学生的兴趣点，另一方面还要结合教材内容，所提出的问题要具有一定的教学意义，要能够有效培养学生的逻辑思维。例如，在教学《曹冲称象》一课时，教师为学生提出的问题既要结合课文的内容，又要从学生的兴趣点出发，从而使学生带着兴趣去学习这篇文章。为了充分开发学生的逻辑思维，教师可以在教学结束后，为学生留下一个悬念，让学生通过课外的延伸去解决教师留下的问题，这样不仅能够让学生的逻辑思维得到很好的锻炼，还能够帮助他们养成良好的语文学习习惯，并在问题的探索与钻研中逐渐养成浓厚的学习兴趣。

二、紧扣教学目标，明确提问目的

有效提问可以很好地营造课堂氛围，通过提问能够将学生的学习积极性激发出来，并且能够为良好的师生互动和生生互动提供平台，可以说是一种十分有效且实用的教学方式。但是需要注意的是，教师问题的选择一定要紧扣教学目标，要结合本堂课教学涉及的教学内容，脱离教学内容的提问，问题再精彩也缺乏实际意义。同时教师要将提问的目的明确出来，并通过学生对问题的回答分析学生对知识点的掌握情况。

课堂提问可以设置在教学中的任意环节，语文教学中可以提问的机会很多，可以提出的问题也有很多，重要的是教师要把握好提问的时机和明确提问的目的，要对教学起到促进作用，对学生的学习起到帮助，这样才能够称为有效的提问。

三、灵活变换提问方式，提高学生逻辑思维能力

教师在课堂提问中要灵活变换提问的方式，提问的方式要活，如果只运用

一种提问方式，很容易使学生感到厌倦，不仅对课堂效果的促进起不到任何作用，可能还会引起负面效果。因此，教师要具备创新的精神，根据教学不同方式的转变，提问的方式也要灵活的变换，这样才能通过提问使学生的思维更加活跃，从而起到培养他们逻辑思维的作用。例如，在教学《狐假虎威》一课时，教师可以将提问环节设置在教学过程中的不同环节，可以在课文讲解之前，先为学生讲一则小故事，然后通过小故事将本课要学习的内容引导出来，之后教师可以让学生全文阅读，说说这篇文章隐含的寓意是什么，还可以通过对文章的学习，让学生试着用自己的理解讲讲在现实生活中哪些行为体现了文章表达的含义。

通过教师一系列的引导，可以逐步培养学生的逻辑思维，从而在一个一个问题的解决过程中使学生理解透彻文章的含义。灵活变换提问的方式会为学生的思维提供更广阔的平台，从而促进他们逻辑思维能力的提高。

四、巧妙组合，确保提问精而少的原则

在语文教学课堂上，教师为了提高学生的学习自信心，在问题的设置上要遵循难易搭配的原则，要确保问题提得精准。在教学的一开始，教师要是将问题设置得太难，不仅不会激发学生的学习兴趣，还会打击学生的学习积极性，因此，教师要将简单的问题和难度大的问题巧妙地结合起来，先用简单的问题吸引学生的注意力，再随着课堂讲解的进行逐步加深问题的难度。另外，还要注意要把握好尺度，问题设置不要太多，确保每一个问题的提出都能对教学起到作用，要确保问题的精准性。

由此观之，巧设悬念对激发学生的主动性、积极性，提高课堂效果有着重要作用。因此，教师应充分利用这一手段，使学生享受知识的乐趣，从内心体会学习的愉快，并变"强制性"教学活动为"主动性"参与的教学活动，只有这样才能真正地提高课堂教学质量，真正减轻学生负担，提高学生的素质和能力。巧设悬念可以让教师以四两拨千斤之势玩转课堂，它应成为教师备课最重要的一环。

第二节　探求语文教学艺术中的灵动之美

我们常说语文教学是一门艺术，其最显著的特点之一就在"美"字上。作为语文教师，在教学中要努力发掘教材中的美感因素，引导学生从审美的角度去领会文章的思想内容，使学生在语言上受到美的感染，在思想上受到美的教育，在情感上受到美的熏陶，从而感到学习语文的快乐，以浓厚的兴趣和强烈的求知欲投入学习，以达到开发智能，提高素质，塑造美好心灵的目的。"语文教学一半是科学，一半是艺术。"作为科学，它要求"真"。作为艺术，它要求"美"。从美学的角度审视语文教学，我们不难发现，学生与课文之间存在着一个审美沟通的过程。教师不仅要以一颗明敏善感的心解读生活、解读文本、解读儿童，而且要带动几十颗童心去交流美、唤醒美、创造美，建构一座美的殿堂。

一、美读吟诵，领悟文字美

诵读是语文教学的传统方法之一，书声朗朗的课堂才有生气。我国古代就提倡"美读"，著名教育家叶圣陶[1]称诵读为"美读"。诵读可以是声情并茂的范读，解疑释惑的导读，异口同声的齐读，众声鼎沸的速读，反复吟咏，熟读成诵，养成语感，领悟语言文字的美。教师应是学生诵读的引导者。诵读，看起来挺容易，似乎只要大声读就可以了，其实要诵读得好并非易事。诵读体现了一个人的语文素养和语文能力。诵读的水平高是一个人长期修炼达到的境界。喜欢诵读的人，相对而言理解能力强。教师要想让学生喜欢语文，就要引导学生喜欢诵读，引导学生在诵读中学习文本，在诵读中理解文本，在诵读中阐述个人见解。

诵读有技巧，但诵读的技巧是源于对文本的深入理解。如果对文本没有理解，即使教师把诵读的技巧全部教给学生，对学生阅读文本、理解文本也起不

---

[1] 叶圣陶，原名叶绍钧、字秉臣、圣陶，1894 年 10 月 28 日生于江苏苏州，现代作家、教育家、文学出版家和社会活动家，有"优秀的语言艺术家"之称。

到多少作用。只有通过反复诵读文本，才能理解文本的意义，才能体会文本的思想感情，才能有自己的独特理解，诵读的技巧也由此而生。引导学生诵读文本，诵读出文本的情感，诵读出文本的意义，诵读出自己对文本的理解，这样就达到了诵读的目的。

那么怎样提高学生的诵读能力呢？激发兴趣，树立信心当然是第一步，然后指导诵读的方法也是十分必要的。要克服"小和尚念经，有口无心"的传统读法。吟诵一篇文章，必须依据对文章的感受和理解，使用高低、强弱、缓急的语调。叶圣陶先生说："叙事抒情的文章最好还要'美读'，激昂处还他个激昂，委婉处还他个委婉。""把文章的神情理趣，在声调里曲曲地传出来，让学生耳与心谋，得到深切的了解"。课堂教学中，教师要注意采用富有感情的朗读，示范朗读声像作为"导读"，让学生体味模仿，还要进行对语调、重音、停顿、速度等朗读技巧的指导。

1. 把握语势和语态

语势是表达时自然态度的流露，有时还伴以面部表情、眼神、手势、动作等肢体语言，具有渲染气氛、强化语感色彩的功用。

把握语势要从两个方面着手：一方面把握语气，要读出陈述句、疑问句、感叹句、祈使句各自的惯常语调。如：

他长得很高。（用干脆顺畅的语调说明情况）

他长得很高？（读时先低后高，表有所探询）

他长得很高！（语调要凝重畅达，表惊讶或赞赏等）

另一方面要把握语态，朗读必须做到以声绘情。表喜悦语气要轻快，表忧伤语气要低沉，表严肃、责备语气要沉重，表说理语气要平和，表讽刺、嘲弄语气要婉转、轻拂，至于不同人物的性格语言、人物对话中的身份语言以及语境中的音响，还要拟人摹声，形象逼真。

2. 注意重音

重音的作用是为了强调某个词或语句，引起听者注意。如：

牛把人撞倒了。（强调原因）

牛把人撞倒了。（强调对象）

牛把人撞倒了。（强调程度）

这说明重音不同，意思就产生了变化。重音的确定是根据上下文的语意来确定的，如《鲁提辖拳打镇关西》写鲁达三拳打死了恶霸郑屠，作者把这三拳写得精彩极了。请看——

第一拳："扑的只一拳……打得鲜血迸流，……似开了个酱油铺，咸的、酸的、辣的，一发都迸出来。"

第二拳："……打得眼棱缝裂，乌珠迸出，……似开了个彩帛铺，红的、黑的、紫的，都绽将出来。"

第三拳："……却似做了一个全堂水陆的道场，磬儿、钹儿、铙儿，一齐响。"

这三拳加上重音后，就将被打之人的惨状有"声"有"色"地表现了出来，读来大快人心，实在够"味"，把这三拳的力量、威风全抖了出来，再现了鲁达疾恶如仇的性格。

3. 顿挫有致

停顿的作用有两个，一是朗读过程需要换气，二是使音韵抑扬顿挫，铿锵有力。停顿的形式有四种：①文章段落之间转换需要停顿；②句子停顿；③换气停顿；④根据表达的需要停顿，以引起听者的注意和思考。如：远远的 / 街灯明了 //，好像是 / 闪着 / 无数的 / 明星 //。天上的 / 明星 / 现了 //，好像是 / 点着 / 无数的 / 街灯 //。

4. 掌握速度

朗读的速度有讲究，当快则快，该缓则缓，张弛有度，快慢和谐。速度由作品的语意而定，有快、中、慢之分。

(1) 叙述紧张场面或紧张心情时应用快速阅读。

(2) 那些感情没有突出变化的文字，比如叙述过程、说明文字及讲道理的部分，则用中速诵读。

(3) 感情沉重，内容比较松散或比较难理解的语句，则用慢速阅读。

这样，学生掌握了朗读的技巧，懂得重音、停顿、速度、语调等要领，通过反复诵读从而达到"目视其文，口发其声，心同其情，耳醉其音"的艺术效果。

二、放飞想象，品味意境美

与语言美相对比，意境美不是语言的外在美，而是语言的内在美。这种美要通过教师大胆创造，抓住作者所描写的景物，结合作者的情感，联系自己的阅读经验，放飞学生的想象，让学生深入作者所描写的意境之中。例如在教学《自然之道》这一课时，课程设计以自读自悟为主，课堂上学生们精彩发言，体现出孩子们丰富多彩的情感世界及旺盛的生命活力。这节课要求学生自学，通过自学，课堂上把自己的所思所悟所疑讲出来，结合课堂教学让学生自由选择喜欢的语句进行朗读，使每个学生都有参与和表现的机会，在自读的基础上让学生质疑问难，帮助学生进一步理解课文并发挥他们潜在的智能。

这堂课突出了以学生为主体，适应他们活泼好动的年龄特点，满足了他们的表现欲，因此课堂上学生热情高涨，思维活跃，每张小脸都洋溢着光彩。学生提出了有价值的问题："向导知道结果为什么还把幼龟放到大海里？""向导为什么会发出'悲叹'？"真想不到四年级的学生对遣词造句还有这么多的研究，孩子们的问题很深刻，发人深省。一个同学高高地举着手说："老师，我还有一个问题没弄明白，向导可以给我们讲道理呀，不去放那只海龟不就行了。"多么富有创造性的问题，接下来由教师引领学生去补白、延伸、创造……让想象的翅膀任意飞翔，以一种开放的形式展现一种流动的美。

语义课堂教学应像其他艺术一样讲究留白，让学生积极地参与，让学生的主体意识在教师留有余地下的空白里得以充分发挥，从而激活学生的创新思维，使课堂不断生成新的内容。

1. 留出情感空白，让学生体验生成

语文教学同时也是一个情感的过程，在这个过程中，教师应该以富有情感的方式教，学生应以富有情感的方式学。但是教师的情感体验不能代替学生的情感体验，教师应留出自己的情感体验的空白，引导学生去阅读文本，进入情境，丰富学生的情感感受。

2. 留出结果的空白，让学生个性生成

传统的教学观念是把学生当作灌输的容器，或预先设置一个个圈套，让学生往里钻。随着课改的深入，我们应该还学生以学习和发展的主体地位，在课堂教学中，不能以所谓正确的标准答案来取代学生的感受，统一学生的理解，束缚学生的思维，抑制学生的个性，以致阻碍学生的创造。因此教师应留出结果的空白，对某些问题不必给出一个具体的答案，应该让学生充分发表不同意见，师生平等对话，引导学生踊跃尝试，尊重学生在学习过程中的独特体验。例如在教学《凡卡》一文时，设想凡卡把信寄出后，最终的结果会是怎样的？让学生联系全文，通过想象续写课文，既提高了学生的想象能力，又使学生进一步认识了当时社会的黑暗，人民生活的苦难。

三、引发共鸣，感受情感美

什么最能打动人心？离不开一个"情"字。"感人心者，莫先乎情。"而感情只能用感情去触摸、领悟、交融。

在教学《草原》一课时，有的学生针对"一百五十里全是草原。再走一百五十里，也还是草原。"提出了疑问，就走了一百五十里就到了草原，没走那么多，怎么知道再走还是草原呢？这句不真实。一石激起千层浪，许多同学都表示赞同。

此时，教师应抓住不放："就凭这一个'不'字就能说服我吗？谁能从课文里找出根据。"要驳倒教师的意见，对学生来说是个极大的挑战，并能激发学生的好胜心。经过一番思考之后，学生争先恐后地表达了自己的看法，很正确地体会到了句子的意蕴：用重复的语句写出草原的广袤。

接着可以再问学生："如果你也生活在那一望无垠、美景如画的大草原，你喜欢做什么呢？"借这个提问创设情境，让学生从文章中找到草原让人留恋的地方，感受蒙古族人们的热情好客，以及蒙汉情深。阅读需要引发共鸣，心动情动。阅读的时刻就是幸福的时刻。

四、平等对话，创设和谐美

马斯洛健康心理学❶告诉我们：师生关系应保持像木匠、管道工一样普通的本色，让师生在率真、坦诚、互尊的环境里一起学习，以达到最佳的学习

---

❶ 亚伯拉罕·马斯洛是美国著名社会心理学家，第三代心理学的开创者，提出了融合精神分析心理学和行为主义心理学的人本主义心理学，于其中融合了其美学思想。

效果。

支玉恒❶老师在教学《欢乐的泼水节》最后一节时，当许多学生都陶醉在泼水节所营造的欢乐气氛中，突然有一位学生问："老师，现在地球上的水资源越来越少了，傣族人民过泼水节要泼掉许多水，这不是在浪费水资源吗？"这一问题显然出乎大家的意料，课堂的气氛和教学节奏被这"不和谐"的音符打乱了。就在全班学生和台下听课老师为之瞠目的时候，支老师却立即对这位学生大加称赞，并请学生再读全文，思考：泼水节这一天人们为什么特别高兴？这里的"水"到底是什么含义呢？一石激起千层浪，学生经过一番激烈的讨论，最后明白了这清洁的水不仅仅是一种自然资源，还具有深刻的文化内涵，它象征着尊敬、友爱和祝福。他们相信，虽然傣族人民生活在水量充沛的热带雨林地区——西双版纳，但爱水的民族，肯定最懂得水的珍贵。

短短的五分钟，却使学生受到了一次民族文化的熏陶。试想，如果教师不认真倾听并及时发现"傣族人民过泼水节是在浪费水资源"这有益的动态资源，如果我们的教学流程没有因此而"变奏"，课堂上怎能有如此意料之外的收获？

我们每天面对的是天真烂漫、纯真可爱的儿童，每个儿童都是一个天使，都是一个鲜活的个体。我们要珍惜脚下的这片最纯洁、保留着生命的原生状态的土地。追寻语文课堂的平等对话，让每一个儿童都能捧出心中藏着的那串彩色的梦，那梦既有生命的价值引导，又有师生共同的情感体验与交流，是一个充满美感的诗意境界。

总之，一堂成功的语文课必须追求一种知情结合、文质兼美的艺术境界，使学生在接受知识、提高能力的同时受到美的陶冶、提高审美情趣。在语文教学中，教师要将那些透露着美的形象，蕴含着美的语句讲深讲活，适时恰当地利用电教手段，将美传达给学生。培养学生用眼睛去细心观察美，用心灵去感受领悟美，在完成语文教学中传授知识、培养能力的任务的同时，培养学生高尚的情操，让一颗颗纯真的心获得美的启迪。

---

❶ 支玉恒 1939 年生于河北省张家口市，全国著名的特级教师。

第三节　引导学生开展语文小组讨论

学起于思,现在越来越多的语文教师重视让学生积极思考,主动获取知识、发展能力、培养个性,分组讨论也渐渐成为语文课上常见的学习活动方式。然而,目前的分组讨论往往流于形式:①许多语文课上的讨论似乎可有可无;②学生讨论结果仍是千篇一律,同一小组只有极个别思维活跃、认知基础好的学生主导着整个小组,他(她)的意见就是小组的意见,而其他同学仍是变相的听众、观众。因此,引导学生积极地参与小组讨论,是增强学生的主体意识、提高课堂效率的关键。

一、激其情使学生愿意讨论

讨论是指就某一个问题交换意见或进行辩论。因此,首先要选择某一值得讨论的问题,运用不同方法,激起学生讨论的欲望、热情,从而使学生愿意讨论。

1. 语言描述

一个人的情感可以影响别人,使之产生共鸣,而这一媒介正是教师的语言。教师富有感染力的语言往往能强化课文情境,渲染氛围,使各种形象更加鲜明,从而作用于学生的感官,触动他们的情绪领域,使他们主动进入到问题情境中,急于表达内心的感受。如教学古诗《泊船瓜洲》,在引导学生想象诗境时,播放《春江花月夜》的录音,教师随音乐描述提示:明月之夜,晚风徐徐,诗人走出船舱立在船头眺望,只见对岸就是京口,由这些诗人想到现在又是春天了,脑海中不禁浮现出一幅幅美丽的图画来,青山绿水田野江岸……最后诗人望着明月又怎么想呢? 诗人看到想到的情景,你们也看到想到了吗? 这样,学生在音乐的渲染和教师的动情描述下进入了问题的情境,情不自禁地抒发起自己的感受来。

2. 设置困难

小学生一般都具备好奇、好强的心理特点,因此,在设计讨论问题时,可设计一些矛盾型、悬念型、冲突型、陷阱型等有一定难度的问题，以激起学生探究的欲望和讨论的热情。如教学《只有一个地球》，教师讲到地球资源的枯竭及生态平衡遭破坏时，顺势讲道："既然如此，那我们不如移居到别的星球上去，比如月球……"还没等老师讲完，就有学生站起来反驳："不行！"学生顿时议论纷纷，真可谓一石激起千层浪。这时，教师组织学生结合课文、资料开展小组讨论，学生热情高涨，课堂顿时活跃起来而且不失有序。

3. 回归质疑

学生求知欲望强烈，如果不加以抑制，他们是可以提出许多问题来的，而且其余学生对他们提问的方式、提出的问题都比较感兴趣。这时，教师只要善于从这些问题中提炼出金子问题，让来自学生中的问题回归到学生中，然后组织他们展开讨论，学生肯定是比较乐意发表意见的。

二、壮其胆，使学生敢于讨论

有了讨论的欲望并不等于就能参与讨论。部分学生还缺乏讨论的胆识，怕讨论时说不好，怕小组同学看不起，怕被人嘲笑……当教师要求学生就某个问题讨论时，他们总是正襟危坐、默不作声。这时，教师不可埋怨学生，应该竭力为学生营造一个宽松民主的氛围，给学生壮胆。教师巡视小组讨论时，要给他们以微笑，专心倾听他们简单的、低声的发言，并善于挖掘其发言中的闪光点，予以肯定、调侃，让他们在轻松愉快的氛围中消除胆怯的心理障碍，增强自信，从而自由地、具体地说出自己的观点，最终达到敢于讨论的目的。

三、授其法，让学生善于讨论

教是为了不教。教会学生讨论的方法，要让小组讨论真正活起来，让讨论中闪烁着智慧的火花，充分发挥讨论的总体功能，教师也必须教给学生一定的方法。

（1）正确表达。讨论要求学生以清楚、明白、流畅、规范的语言表达其观点，因此教师要教给学生表达的方法及一些讨论用语，如：我认为……我觉得……我是这样想的……。如教学《狼牙山五壮士》一课，让学生结合课文重点段讨论为什么说狼牙山五壮士十分英勇豪迈时，教师出示表达要求：以"五位壮士真……"为中心句，结合课文重点段加上自己的体会说一段完整通顺的话。表达时，先说我是结合第 × 自然段来说的，这样，学生讨论时心中有数，表达得也会更清楚规范，做到言之有序、言之有据、言之有理。

（2）合理评议。讨论过程中，学生之间既需要听取他人意见，又必须能用合理方式拒绝或接受某种观点进行评议，从而培养批判性思维和良好的合作态度。教师就应该结合讨论的内容明确具体的评议要求。在评议基础上，组内成员进行有条理的归纳综合，形成组内意见。

四、变其形，使学生乐于讨论

讨论中学生的参与度是衡量课堂教学中学生是否主动学习的主要标志之一，因此，通过讨论要使每个学生都要尝到探索的艰难和快乐，以及成功的兴奋和喜悦。这样学生才会乐于讨论，从而自然而然地形成内外的动力，养成良好的自主学习习惯。这就要求教师采取多种形式，来达到这一目的。

（1）四人组合。这是语文课上常见的分组形式，这种分组形式有助于每个学生自由思考，大胆表述不同的观点，进行创造性思考。要充分发挥这一形式的功能，就要求小组成员必须有合作意识，否则会造成个别人发言，其余作壁上观或随波逐流的现象，要避免这一现象，就需要小组的领导者能较好地处理和协商组内出现的问题，如纪律问题、观点分歧而产生的争论现象等。使组员确定"荣辱与共，人人为我，我为人人"的小组合作思想，从而使学生乐于开展小组讨论活动。

（2）自由组合。这一组合的随机性较强，它打破了常规的讨论方式，采用找好朋友交流、找信得过的同学讨论、找老师谈谈等。这一组合体现了浓厚的民主关系，学生有更多的自我表达的机会，勇于提出自己的思想，也乐于接受别人的意见，这样更容易建立一种没有威胁、批评，且不同意见、创新观点均能受到重视和鼓励的自由、安全的环境。

（3）师生组合，即教师主动参与学生讨论的组合。教师的参与要起把握学习方向、提供瞬间信息的作用。教师可穿针引线，组织小组内开展竞赛、组与组开展辩论，鼓励学生多角度看问题，鼓励学生直言不讳、力排众议，对小组讨论的结果教师可由扶到放地进行评价，如有的学生善于归纳他人观点，提出独特想法，有的善于表达、组织等等。教师需做有心人，设立一些奖项，表扬鼓励小组成员，使每个学生都发现自己的闪光点，这一工作也可放手让组内共同评选。此外，采用"组长轮流制"也能更好地发挥小组合作学习的作用。

小学语文课堂教学中，讨论是非常重要的教学活动方式。只要教师正确引导课堂小组讨论，就一定能调动全体学生投入到自我探索的活动中，沟通师生之间、生生之间的情感，让思维的撞击迸发出智慧的火花，也有利于学生个性品质（如敢想敢说、独立思考、坚持真理、主动探究等品质）的发展，这就充分发挥了课堂讨论的整体功能。

第四节　语文课堂讨论指导

众所周知，在教学中要教给学生学习的方法，教给学生学习的本领，仅仅靠老师讲学生听是不行的，应让学生参与到教学过程中去。在小学低年级语文教学中，要想每个学生都能主动参与，很大程度依赖于教师的引导，在教学内容的具体实施过程中，好的教学手法的运用往往会产生事半功倍的效果。所以在教学中，我们应站在孩子的角度去发现问题、思考问题，选择适应他们的教学手段，让孩子们在语文课上真正地"活"起来。

一、充分运用多媒体辅助教学，化抽象为形象

在教学《草原的早晨》一课时，有些句子比较抽象，一年级的学生理解起来很困难，可以从"铺满新绿的草原醒来了"一句入手，抓住"醒来"一词，运用电化教学手段，帮助学生理解草原由静到动的变化，展现草原"醒来"后的喧闹情景。引导学生观看视频画面：先是宁静的草原，然后出现一片喧闹的景象。教师描述：草原的夜静悄悄，随着黎明的临近，随着牧民鞭声的响起，宁静的草原一下子变得热闹起来了。在这种气氛的渲染下，引导学生畅谈看到的、听到的，进一步揭示"醒来"后的内涵，加深对"喧闹"一词的理解。安排学生说说刚才看到了什么？听到了什么？这时，学生的思维异常活跃，有的说："我听到了'啪、啪'的鞭声。"有的说："我看到了许多牧民跨上了骏马。"

还有的说："我听到了'咩、咩'的叫声"……教师在此基础上小结：当黎明到来的时候，草原出现了一片喧闹的景象，所以说"铺满新绿的草原醒来了"。由此可见，电化教学手段的运用，一方面培养了学生的观察能力和想象能力，激发了学生强烈的参与欲望，调动了他们的积极性、主动性；另一方面使课堂教学变得简洁、干净，省去了教师许多枯燥抽象的讲解，大大提高了教学效果。

二、充分调动儿童的想象力，变刻板为鲜活

在教学中，根据学生各自的认知程度和生活体验，引导他们展开丰富而合理的想象，充分发挥他们的主体作用，让课堂教学变得生动鲜活起来。《采莲》这首诗要求学生背诵，可在背诵前要求学生自己动脑筋，给诗句配上合适的动作，再分四人小组讨论，选出一名代表说说讨论结果，全班同学根据代表的汇报选出最合适的动作。同学们个个兴趣盎然，课堂气氛空前热烈，很快就能配上优美的动作把这首诗有感情地背诵出来了。

在教学《奶奶的白发》这一课时，紧紧抓住"我低下了头，没有吭声"，启发学生想象"我"没有吭声的原因，继而想象"我"此时此刻的心理活动，从而理解"奶奶"为后辈操劳了一生，十分辛苦。为了不让"奶奶"操心，作为孙子的"我"会怎样做呢？这一问题引起了学生极大的兴趣，个个争先恐后发表自己的观点，纷纷表示要从实际行动出发，真正做到孝敬长辈，不能让长辈操心。由此可见，根据学生的年龄特点设计恰当的问题引导讨论，不仅加深了学生对课文内容的理解，而且使学生受到了深刻的思想教育，在日常生活中起到潜移默化的作用。

三、充分发挥学生的动手操作能力，变被动为主动

《乌鸦喝水》课文教学时，安排每个学生做一做实验，通过实物演示，让学生明白石子是一颗一颗放进去的，水是慢慢升高的，不可能一下子就升得很高，从而体会到"渐渐"一词的意思。学生通过动手操作，明白了做实验并不难，对实验产生兴趣，今后对可以操作的内容总会想办法去动手做一做。如《司马光》一课教完后，竟有学生用塑料袋装满水，里面放一个玩具小动物，然后用笔将塑料袋底部戳破，让袋里的水流了出来，来演示司马光砸缸的过程，这种

模仿姑且不谈它的科学性在哪里，但是可以证明的是，学生动手操作的欲望很强，参与操作的积极性很高，只要我们平时多加观察，适时引导，相信他们会对动手操作更感兴趣，使课堂气氛更加活跃。

实践证明，课堂教学中我们只要坚持从学生的实际认知水平出发，科学地运用各种教学手段，积极引导学生动脑、动口、动手，让他们敢想、敢说、敢做，课堂教学效果一定会得到明显的提高！

第五节　作文批改四善

一、善于聆听孩子的意见

传统的作文评价方式是教师独自面对一大沓作文本逐字逐句地批改，这样既耗时费力，又不能及时反馈。而且弊端重重：①不利于学生掌握修改作文的方法；②不利于学生相互之间的学习；③不利于和谐师生关系的建立；④不利于学生创造性思维的培养。对于文章的成功之处、失败之处，只听教师一家之言，阻遏了学生思维的发展。久而久之，学生唯教师之"评"为是，不懂得自己才是学习的主人，缺乏进取心和自信心。针对这种情况，教师在批改作文时，要善于聆听孩子的意见。

1. 提倡学生自我评价

学生的作文，学生自己最清楚。对照作文要求，让学生自己去试着调换角色，体验作为读者身份来给自己的作文做出实事求是的评价。此时，教师要引导学生把自己在作文过程中的"得"与"失"说出来，在自己遇到困难时请求"支援"。这样，学生不仅对自己的作文有了更多、更深的了解，长此以往，也有利于学生自鉴作文能力的提高。

2. 鼓励学生相互评价

针对现在的孩子表现欲极强的特点，在作文批改中为孩子留一个空间，让他们去切身体验当小老师的感觉，这样孩子们积极性都很高。教师要加以方法的引导，鼓励学生敢说、敢评，还可以在班级开展"谁是优秀小老师"的竞赛。

这样，学生为了能当先，他定会聚思凝神、精心挖掘习作。这不仅有利于提高学生评价作文的能力，对培养学生良好的学习习惯也有很大作用。

在自评、互评以后，教师再来评价，就可以省时省力了，同时还又肯定了学生的评价，聆听了他们的意见，学生作文、改文的积极性定会与日俱增。

二、善于捕捉孩子的闪光点

当前的作文教学常常急功近利、简单浮躁。每逢作文训练，教师往往总要提出一大串的作文要求，似乎要求学生一夜之间就成为一个"作文高手"。评价时，又总是这也不行、那也不合适，殊不知"高处不胜寒"，长期这样下去，很容易会泯灭孩子作文的信心和热情。因此，教师要切记对学生要求不宜过高，尤其对于后进生而言，应本着"多就少改、高分重赏"的原则，善于捕捉孩子作文中的闪光点。例如，班上有的学生的作文简简单单，并没有达到写作要求，但只要他的想法很有新意，便可在全班进行推荐和表扬，毕竟，学生也有感情，他们也是人，他们渴望得到老师的肯定。因此，我们不可以吝啬，应适时地捕捉孩子的闪光点，给予肯定，促其进步！

三、善于运用言辞激励

写评语是教师批改作文时运用的一种重要方法。根据孩子的年龄特征和心理特征，孩子总希望老师能发现自己的优点，并得到鼓励。因此，作文批语一定不要吝啬教师激励的言辞，适时、适度、由衷地给予学生"喝彩"，哪怕是一个字用得妙、一个词写得生动、一个句子写得精彩、一个标点用得准确，都要为其叫好、给予表扬和鼓励。例如："你这个情不自禁用得多妙啊！""老师都没想到！""读你作文真是一种美的享受！""你观察仔细，描写更是细致、生动，真不简单！好好努力，将来一定会成为一名作家的！"如此批语，虽然只是只言片语，但蕴含着老师真诚的赞许和由衷的喜悦，学生读后受到了莫大的鼓舞，激发了写作兴趣，增强了写好作文的信心。

四、善于舍同求异

世界上没有完全相同的两片树叶，没有两粒完全相同的沙子。一个班的学生，生活经历、知识水平、写作能力也各不相同，所以老师在批改作文时，要针对不同层次的学生，提出不同层次的要求、评价标准，做到因人而异，区别对待，不搞"一刀切"。这样，对于后进生才有一个公正的评价，也有利于学生整体作文水平的提高。

第五章　小学英语课堂教法探究

小学生在学习英语中呈现出两种不同的现象：一是一些学生思维灵活，富于创造，说英语容易上口，加上老师适时的表扬，显露出了对英语浓厚的兴趣，而且越说越敢说；二是另一些学生，适应能力较差，易焦虑紧张，表现出对英语难于张口，加上时而的表达错误，导致他们不敢开口讲英语。

第一节　发挥主体作用　提高口语水平

一、沟通情感，让学生敢说

情感因素对英语口语的培养非常关键。小学生情绪变换明显，学习中易受情绪支配。教师在课堂教学时，要破除"师尊""师严"的传统观念，放下师长架子，避免学生敬而远之的现象；提倡民主作风，对学生热心、耐心，鼓励学生大胆讲英语，不要怕说错，排除学生的害羞心理，利用一切机会要求学生开口，让学生养成敢于张口的习惯。在教学中，教师可通过与学生齐唱歌、同游戏、共甘苦的形式来帮助学生消除畏惧心理，让学生保持积极的心态。这样，才能促进师生间的情感交流，让学生心无顾虑，从而积极主动地去运用所学的知识，想说敢说，提高口语表达水平。

二、创设氛围，让学生乐说

兴趣的自然激发，必须使学生处于一种良好的氛围中。口语练习也一样，教师努力创设氛围，才能激发学生说话的欲望。

首先，保住面子。高年级学生自我意识增强，爱面子的思想特别严重。教师可以倡导自由表达的方法，让学生就自己喜欢的事物进行漫谈，从而训练口语表达。

其次，开展活动。教师可以开展丰富多彩的说话训练活动，如抢答、竞赛、猜谜等形式。让学生兴趣盎然，情绪高涨，使口语得到训练和发展。

最后，运用讨论。学生往往只有在群体中才会忘记个人角色，自由说，大胆讲，从而提高口语能力。教学中，非判断性句型或对话编排练习时，可采用分散式的小组讨论，让每个学生都有发言的机会。在规定时间内诱发紧迫感，从而仁者见仁，智者见智，各抒己见，加大语言的交际频率。同时，教师要给予一些激励性的评价，让学生品尝到成功的喜悦，特别是让内向的学生坚定信心，大胆地发表见解。

三、引导观察，让学生可说

观察能为说话训练创造有利条件。教学中要引导学生观察，让学生有话可说。

（1）利用插图。小学英语课本中有许多色彩鲜艳、内容丰富的插图。教师可以引导学生从各个不同的角度，侧面去观察、去思考。例如同一幅图可从 What's this? What can you see? What colour is it? 等不同方面去表述，这样学生的说话内容也就丰富了。

（2）借助实物。"具体实在的事物摆在面前，要比空洞的描述有力得多。"学生对于那种空洞的描述既无兴趣，也无法找到观察点，更无法找到论点。教师要善于发现一切可利用的资源，如教室内的用具、教师的教具、学生的文具，都要能巧妙地运用，引导学生观察。让他们看一看、摸一摸，丰富感知，让学生展开想象的翅膀。

四、指导方法，让学生会说

首先，要注意说话内容的指导。要坚持循序渐进的原则，以控制性练习为突破口，帮助学生先学会"读"，锻炼发音和口齿流畅，掌握正确的语音语调，为口头表达打基础；如 This is a red apple. 抓住 this is 的连读以及 red 的重音。

再教学生会"换",用不同的单词或短语替换原句子中的同一成分,以达到掌握句型的目的。通过 This is a red apple. 让学生引出 This is a green apple. 从而掌握句型,最终达到从控制性练习转换到非控制性练习中,让学生能熟练运用句型,并能通过表演、汇报等形式去解决问题。

其次,对学生进行因材施教的指导。学生的个别差异是客观存在的,教学中应从每个学生的基础水平和个性差异出发,让不同的学生有同等的参与机会,实现差异发展。教师要设计有坡度的问题,请不同层次的学生回答,并采用不同的标准来评价。尽量给学生提供发展余地,让学生找到成功的喜悦。只有在教学中潜移默化,让每个学生都大胆地开口表达,才能够推动小学生英语口语水平的整体提高。

第二节　英语教学德育有效渗透的方法与途径

小学英语是基础教育的一门重要学科,在教学过程中,教师不仅要关注学生的知识获得,更应该关注学生的道德生活和人格培养,要体现新课改的理念,结合学科特点向学生进行思想品德教育,把德育教育渗透在教学过程中,使德育教育落到实处。如何在小学英语中进行德育教育,行之有效的教学方法是必不可少的。

一、挖掘教材的德育因素

小学英语是基础教育的一门重要学科。在英语教材中,有许多可以用于德育的好素材,这就要求我们在教学中要深入钻研教材,明确教学目的。在教学过程中,教师不仅要关注学生的知识获得,培养学生英语各方面的能力,还应该关注学生的道德生活和人格培养,通过融合、渗透的方法,有目的、有计划、自觉地寓德育于英语课堂教学之中。例如,"Good morning!" "How are you?" "Hello!" "Nice to meet you!" "Thank you!" "Sorry." 等礼貌用语,是学生学习英语最初接触的内容。在教学时,结合学生初学英语时的兴趣,创设真实的语言情景,在学生进行语言操练的过程中,不失时机地对学生进行文明礼貌教育。

又如在学习一年级第二册"I get up at seven o'clock"时，当学生们兴致勃勃地谈论自己的日常生活、作息时间，教师要求同学注意听别人发言，引导学生通过积极地参与课堂教学活动来认识什么是合理安排时间，从而懂得珍惜时间。这时知识的讲授和学生的交际练习，实际上成为德育渗透的载体，达到了教育、教学融于一体的教学效果。

二、加强课堂教学

课堂教学是教师进行德育教育的主阵地。在英语教学中应尽量避免千篇一律地向学生讲大道理，使学生感到枯燥。采用形式多样的教学方法来渗透德育，尽量做到既有趣味性，又有思想性，使学生更好地接受品德教育。

1. 游戏教学

根据小学生活泼好动的特点，把严肃的教学内容通过做游戏的方式来学习，大大增强了学生的学习兴趣，在课堂上收到事半功倍的效果。例如：在教学"Beijing is bigger than Tianjin."时，让学生拿出课前准备好的关于中国地图的拼图，让学生很快地拼好后，找出 Beijing、Tianjin 进行比较，引导学生认识祖国悠久的历史和灿烂的文化。拼图是小学生喜爱的游戏，这不仅让学生掌握了本课所学的知识，还让学生在边玩边学的过程中了解中国，更加热爱自己的祖国。

2. 精心组织安排教学活动

学习英语的最终目的是进行交际，语言的交际性和实践性决定了要在语境中、在活动中、在模拟交际中学习英语，感受语言。在教学中，教师精心组织教学活动，尽量设计能引起学生兴趣的语言交际场景、教学游戏和练习形式，以学生情趣为主线，贯穿在每一个教学环节中。如：在教学"What would you like?"和"Would you like..."的功能结构时，就可以设计在快餐店就餐和家里招待客人时的场景。在学习"What's the weather like?"时，可以设计"天气预报"游戏。在学习"How much is it?"时，布置"小商店"。在学习"What's wrong with you?"时，设计"在医院看病"。在这些模拟的语言情景的交际活动中，学生在学习语言的同时，也在学习与人合作、交往。这种学习有助于培养学生关心他人、互助友爱、文明礼貌等思想品德和行为规范的形成，也极大地激发了学生的兴趣和创造性，形成课堂教学的高潮。

三、通过英语第二课堂活动，创造良好的教育环境

课外活动是英语教学的重要组成部分，有计划、有组织地开展各种课外活动，既有利于学生听说读写能力的培养，又能使学生多方面受到思想政治教育。在日常教学活动中，利用丰富多彩的课外活动有目的、有计划地加以引导，这样不但可以激发学生对英语的学习兴趣，同时更让学生得到良好道德情感的熏陶。例如在教师节，引导学生动手制作贺卡，并写上祝福语："Happy Teacher's Day."（教师节愉快）。在母亲节、父亲节更可写上："I love you, mom./You are the best father in the world！"（我爱你，妈妈/你是世界上最好的爸爸）如此种种，不但培养了学生的动手能力、交际能力和想象力，而且还促进他们形成尊敬师长、关爱他人的情感品质及对美好事物的认知情感，使他们真正懂得因为有爱，世界才会运转。此外，定期开展英语辩论赛、英语单词接龙赛、英文歌曲大赛，这些活动有助于培养学生的集体主义观念，有助于提高学生的思想觉悟，提高认识分析事物的能力。

总之，在英语学科教学中渗透德育，是每个英语教师应该努力做到的。渗透只是手段，教育和培养德才兼备的人才，才是目的。作为一名英语教师，要真正使德育落到实处，使德育融于教材，教师除了要有极大的热情、广博的知识、高超的艺术、较强的德育能力，还要掌握一些方法和技巧。在教学中，既要强调语言知识的讲授，又要注意德育的有机渗透。只有这样，才能使学生学好知识的同时，提高思想素质。

第三节　小小字母中的军事化管理

目前公办学校的小学生英语学习多处于初级阶段，在此阶段帮助学生养成良好的习惯会使他们终身受益。书写习惯也是众多习惯中的一个方面，语文学科要抓书写，英语学科同样也要抓书写。学生良好习惯的形成与教师的指导、训练是密不可分的。著名的教育家叶圣陶曾说过："什么是教育？简单一句话，就是养成良好的习惯。"习惯是一种惯性，也是一种能量的储蓄，只有养成了良

好的习惯，才能发挥出巨大的潜能。作为一名教育者，我们有责任抓住教育的关键期对学生进行习惯的培养。

一、精细指导，要求明确

书写是学习的重要方式，也是将来工作生活中交流的重要方式，养成良好书写习惯，对于良好品性的磨炼和形成同样有着积极作用，因此教师不能敷衍带过，要精细指导。

(一) 单词书写字母要标准

字母是学生首先要学习的内容，很多老师在学习字母时对学生的指导很到位，因此在这一时期，大多数学生的书写也很认真。但是，当开始写单词时，很多学生却不像初学字母时那么认真了，他们往往会把一些字母写得似是而非，如 a 写得像 u, g 写得像 y (这里指的是两个字母手写体), r 写得像 v, h 写得像 n 等，诸如此类的错误，如果不及时纠正，会对学生今后的英语学习产生不良的影响。因此，教师同样要重视指导学生规范地书写单词。可采取带学生写字头、编口诀等方法，避免此类现象出现。如 a、u、g、y 要分清，半圆封口 a 和 g，半圆开口 u 和 y; r 和 v 长得像, r 竖上长小叉, v 是三角去个边; h 和 n 更相像, 竖长一点儿是 h, 竖短一点儿便是 n。如果学生一旦出现字母书写不规范的情况一定要及时纠正，反复强化。

(二) 句子书写结构要清晰

到中高年级，学生开始学习书写句子，由于英语和汉语书写习惯不同，很多学生写句子时总是忘记开头第一个字母要大写，还有些学生把句子写成一大串字母，分不清到底是几个单词，末尾标点也很容易被丢掉，或者用中文的句号代替。针对以上几种现象，我们可以用背顺口溜的方法帮学生记住写句子的规则，最初可以这样记：开头大写要记牢，单词之间要空格，句子末尾加标点，句号圆圈变圆点。当学生明白这些要求后可把口诀简略为 12 个字：开头大写，中间空格，末尾标点。

(三) 线格书写要规范流畅

每一名小学生在初学字母时，都是在四线三格里写字母，但在很多练习册和试卷上要求写单词或句子的题目中根本看不到四线三格，只有一条简单的线段。每当学生完成这样的题目时，书写质量就会大打折扣，如不及时指导和纠正，顺其自然，自由发展，原本在英语本中写得工工整整、错落有致的英文，到试卷上和练习册中却变成大小不一、参差不齐了。因此，身为教师的我们有必要想些办法，帮助孩子们在一条线上写好英文。我们不妨设计一节综合实践课引导学生发现如何在线上写好英文。首先，课前布置作业让每个学生完成两份同样内容的抄写单词和句子的作业，一份写在英文纸上，另一份写单线纸上。课上让学生拿出课前布置的作业，引导学生观察自己的两份作业，哪份较好，想想为什么会这样。可能平时书写就很认真的孩子两份作业基本上没有什么太大差别，但大多数孩子会觉得自己在英文纸上写的作业比在单线纸上写得更好。

引导学生观察一下26个英文字母在四线三格中的占格规律。学生通过观察讨论可发现以下规律：

(1) 所有的大写字母都占上、中两格。

(2) 小写字母的占格可分以下几种情况：

①只占中格的有：a、c、e、i、m、n、o、r、s、t、u、v、w、x、z。（i和t虽然也占到上格，但它们没有把上格占满且主要部分都在中格，因此分在这一组。）

②占上中格的有：b、d、h、k、l。

③占中下格的有：g、p、q、y。

④占上中下格的有：f、j。

这时，可再发给每个学生一张单线纸，带着学生分组练习书写。并引导学生发现：第一组小写字母只要每个字母都贴着线写，再注意一下字母的大小相同就能把它们写得很工整。第二组字母也要贴线写，但要每个字母中的"|"都要写得长一些。告诉学生：最后一组字母都有一条"大尾巴"，我们在写的时候要把它们的尾巴甩到线的下面去，并指导学生书写。

最后让学生把课前留的作业在单线纸上再写一遍，注意运用已经总结出的方法。学生完成后将自己课前单线纸上的作业与课上的作业进行对比，说说自己这节课的收获和进步。孩子们在欣赏中悦纳自己，欣赏自己，无形中提高了对自身的要求和标准。

二、加强训练，养成习惯

培养学生的良好习惯，指导只是第一步。小学生良好学习习惯的形成，并不是一蹴而就的，而是一个长期复杂的过程。培养孩子科学的学习方法和良好学习习惯有多方面要求，最重要的是"训练"。习惯是一种动力定型，必须经过长期、反复的训练，才能形成。这就需要教师在课堂上反复加强指导，并进行及时检查和督促。经过课内若干时间的练习，让孩子的良好学习习惯在课堂内初步形成，为家长指导孩子养成良好的英语学习习惯做好铺垫。

1. 训练与游戏相结合

帮助学生养成良好的英文书写习惯，也应从兴趣入手，练习的量要适当控制，要注意学生的身心健康。枯燥的说教往往不会给学生留下太深的印象，可以结合小学生的年龄特点组织一些练习书写的游戏，如让学生观察一幅由字母组成的图，写出图中所含的字母。看图猜单词、猜字谜等游戏都可以与书写训练相结合，让学生在游戏中体验书写的乐趣，逐步培养学生养成良好习惯。

2. 训练与指导相结合

学生在学习过程中往往会反复地犯同样的错误。因此，教师也有必要反复对学生的错误进行纠正和指导，特别是进行个别指导。教师要以耐心和爱心，对学生的错误表示宽容，让他们体会到老师是在帮助他们，不是在批评他们。同时也要注意抓住一切训练的机会，在课上、课下各种书写练习中反复强化正确的书写方法。

3. 训练与评价相结合

教育是一个从量变到质变不断发展的活动过程，需要根据情况变化及时做出判断和决策，由此产生相应的教育评价。良好的评价机制能够激发学生的学习兴趣，随时修正学生的学习习惯，改变学生的行为习惯，从而促进学生的全面发展。它对提高学生学习的积极性，增强学生的学习自信心，培养学生的创新精神都有作用。因此，要帮助学生养成良好的书写习惯，及时有效的评价也是必不可少的，为了让学生对书写保持兴趣，在给作业评分时可打两个成绩，一个是书写成绩，另一个是正确率成绩，通过这种分项评价的方式，使学生看到自己在书写方面的进步，从而保持兴趣，增强自信，进而形成习惯。

从一定意义上说，习惯的养成就是能力的形成，忽视学生良好习惯培养的教学不会是成功的教学。英语教学（不只英语教学）重要的工作不完全在于教学生多少知识、教学生读懂多少篇课文，而是要使学生在学习之中养成良好的学习习惯，最终才能形成良好的英语语言输出能力。

第四节　开心唱歌曲，快乐学语言

小学英语课标强调课程要从学生的学习兴趣和认知水平出发，倡导体验、参与、合作与交流的学习方式，发展学生的综合语言运用能力，使学生在语言学习过程中形成积极的情感态度和自主学习的能力。任何行之有效的学习方式一定以培养学生学习英语的兴趣为出发点，在学习过程中使学生树立自信心、养成良好的学习习惯，进而形成有效的学习策略，发展自主学习能力并形成一定的综合语言运用能力，为终身学习和发展打下良好的基础。正所谓"授人以鱼，不如授人以渔"，学习策略是关键因素，唱歌学英文是策略之一，长时间实践发现效果显著。

一、精选歌曲，有效整合学习内容

众所周知，唱歌轻松愉快，很容易引起学生的兴趣。但如何保持持久兴趣，并以此为突破口引导学生运用积极有效的学习策略，就需要在歌曲的选择上有所侧重。

1. 歌曲内容贴合教学内容

美好积极的情感是每个人追求的方向，其中"爱"的话题常说常新。小学英语四年级上册第一单元刚学了关于情感的表达——feeling。我对学生们说：You are my sunshine, you make me happy, you make me smile. 学生对于刚刚学过的单词很熟悉，轻而易举地了解了歌词的内容，于是我给学生播放歌曲"You Are My Sunshine"，并打印歌词发给他们，要求他们唱给家长听，同时我告诉孩子们家长是这个世界上最爱他们的人，要大胆向家长表达爱。这样学生们每节课都主动要求演唱这首歌，从最初看着歌词到最后全体背词齐唱，我强烈感觉到他们非常热爱这首歌。类似的还有"Proud of You",也是学生们钟爱的歌曲之一。学习"Health the World"时,我给学生们讲了歌手演唱的背景,通过歌词的学习使学生们了解到作为人类的一员,我们不仅要关爱身边的亲人,更要学会用实际行动去关注更多需要帮助的人。

2. 充分利用媒体资源

语言学习绝对不能照本宣科,画地为牢,要善于利用丰富的媒体资源,将它们巧妙地充实到孩子们的学习生活中。因此歌曲的选择也不能局限于上述内容,要引导学生关注电影、电视等媒体以及网络等。其中歌曲"Trouble Is a Friend"告诉学生们要积极地看待平时学习中的困难,不屈不挠,勇敢地挑战自己,乐观豁达。"My Heart Will Go On","Cry on My Shoulder"这些歌曲都从不同角度告诉孩子们如何理解爱的主题,它们都是非常好的素材,极大地拓宽了孩子们学习歌曲的范畴。在学会一首新歌后告诉孩子们让他们主动推荐下一首给大家,孩子们兴趣大增。

3. 难易程度适中

歌曲能够被学生广为传唱,达到熟悉语言和励志的双重作用,最重要的要看歌曲语言的难易程度了。除了歌曲长短外,生词量是一个重要参考指标。100词的歌曲生词量控制在10个以内是基本标准,以此来确定歌曲的难易程度。如"Color"这首歌,100词当中只有3个生词,而且不长,就是非常好的选择,对于学生来说属于容易学的歌曲。如"Pretty Boy",100个单词中有10个对于学生来说不认识的生词,而且歌也较长,属于比较难的歌曲,可以考虑过段时间到本学期最后阶段再学。总而言之,歌曲的选择一定根据孩子的语言水平谨慎判断,既要保护孩子的学习热情,又要不失时机地通过歌曲学习达到激发孩子的学习兴趣和语言表达水平的能力。

二、注重指导,丰富英语语言体系

需要注意的是,学习歌曲的方法不同于课堂语言知识的学习,一定要区别对待。注重学习步骤,掌握对于语言把握的深度,按照自然习得的原则对于所学歌曲做到教唱自如,深浅有度。

1. 听歌

给学生播放原唱是很重要的环节。歌曲风格或轻快活泼、节奏感强，或轻缓抒情、感染力强。目的是使学生耳熟能详，产生想学的冲动。利用学校的广播媒体更是一个不错的选择。

2. 学词

学歌词的环节最容易使学生产生懈怠情绪。有几种做法是不可取的，一个是先学歌词，后听歌；再有是逐个单词学发音，解释词义，另外一句句学唱也不被学生接受。经过多种方法尝试，多采用这样的方法：先听后学；按意群理解歌词大意，不追究细枝末节；自学为主，注重难点点拨，重视同伴互学。

如学习"Proud of You"时，可以让学生先自己跟唱，然后强调个别单词发音，其中一句 Sitting silent by my side 中 silent 发音，让学生听清这个就可以了。Hold me tight 中 tight 是生词，可是根本不用教，因为学生通过听原声演唱自己就可以发好这个音。

3. 演唱

通过数次的听原声、跟唱后，学生会在课下不由自主地哼唱。于是教师鼓励学生背着歌词唱，先就第一段集中练习，然后再练歌曲其余部分。经过这种方式的学习后，教师要提供机会让学生在课上尽量背着歌词唱，不排除偶尔看的可能，最后过渡到逐渐摆脱歌词的演唱。开始演唱了，时而小组接力唱，时而男女生对唱，时而全体齐唱，时而个别表演唱，形式不一，方法多样。

三、拓展空间，提供实际应用机会

语言学习的最终目的是在生活中的实际运用——学以致用。实际运用的体验越多，学生学习效果越好，自主学习能力越强。因此，尽可能多地创造学以致用的机会，以此开拓学生视野，提高学习能力。

1. 校外活动

唱歌学英文的学习方法，得到家长们的大力支持，也收到了意想不到的效果。许多家长都纷纷表示孩子们在学校之外演唱英文歌曲，得到亲友的一致好评，学习兴趣大增，学习劲头更足了。

2.校内活动

有能力的学校可以在校内举办英语艺术节,在学校参演的节目中,设计并贯穿英文歌曲演唱环节,这样可以让学生的英语水平、演唱水平显著增高,同时,学生也在收获快乐的同时实现了学习。

唱歌学英文的方法不但可以激发学生唱英文歌的兴趣,也极大地提高了学生的语言学习能力,形成了有效的学习策略。学生通过不同形式的展示活动,体验到生活中语言学习的乐趣,形成了一定的语言学习能力,树立了积极健康的人生观,从而实现了通过学习促进人的发展这一目标。

第六章　小学综合课堂教学法探究

教学中，要根据不同的教材内容采取不同的教学方法，要研究方法，要有创造性思维，思路活跃、方法新颖，使学生感到有兴趣，吸引学生的注意力，能引起学生积极思维从而取得预定的效果。

第一节　让音乐课动起来

小学音乐作为艺术教育的一门重要学科，由于老套路"唱教式"的影响，许多教师一直把教会歌曲作为目标，而这种单一的教学方法使得音乐课堂出现了尴尬的局面——氛围不活跃。那么如何让音乐课堂的氛围真正活起来呢？笔者认为首先要理解编者意图，从遵循编者指导思想出发。为了能够更好地使用教材，我们必须要吃透教材，做好课前准备，包括重点难点、教学材料分析。在教学中以审美体验为核心，提高学生的审美能力，发展学生的创造性思维，形成良好的人文素养，为学生喜爱音乐、学习音乐、享受音乐奠定基础。音乐教师应构建变过去由教师指导下的被动学习活动为主动学习的自主活动，让他们在主动参与学习音乐的过程中欣赏美、感受美、表现美和创造美，满足学生的"自我认知""自我表现"和"自我发展"的需要，把音乐课真正上成学生主动学习课，让音乐课真正"活"起来。

一、"显性"的音乐知识"隐性"化

在通常的观念中，乐理知识和技能训练是枯燥、乏味的，然而它们又是音乐教学中必不可少的环节，只有掌握好理论知识，才能使学生在音乐学习中不

走弯路，提高音乐素质。面对小学生，教师只有寓教于乐，把理论知识趣味化、形象化，才能让学生乐于接受、易于接受。小学音乐课程标准中提出了内容标准：感受与鉴赏、表现、创造、音乐与相关文化四条线，经过精心设计、编排，被合理、隐性地分布到各个单元中。而在我们的音乐课堂教学中也应该让"显性"的音乐知识技能转变成"隐性"，使学生减少畏惧心理，能够自觉主动地学习掌握必要的音乐知识和技能。例如，在《赶海的小姑娘》教学中，为了使学生区分乐句，可编排简单的动作让学生跟做。用这样的律动方式代替了枯燥乏味的讲解，既通俗易懂又能激发学生的兴趣，一举两得。如在教学全音符时，可以说成胖胖的爸爸，能吃四个苹果，唱四拍。二分音符是姐姐，有白白的脸，瘦瘦的身体，吃两个苹果，唱两拍。四分音符是弟弟，跟姐姐长得一样，只是脸黑黑的，吃一个苹果，唱一拍。像这样将复杂的乐理知识简单化、童趣化、形象化，用儿童化的语言表述出来，学生比较容易接受。

二、音乐回归生活

音乐源于生活。追溯音乐的起源不难发现，它是从劳动中产生的艺术，它是人们生活的情感体现。而孩子们最自然的学习是从生活中、自然环境中获得的，最容易理解和掌握的东西是从他们所熟悉的环境、生活中获得的。因此，在教学过程中要根据需要，实现教师、学生、教材、教具、教学环境与生活的多方面联系，让音乐回归生活、回归自然。例如，藏族人民在中华人民共和国成立前长期过着奴役的生活，人们总是驼着背，所以藏族的舞蹈动作大多都弓背，直到中华人民共和国成立后舞蹈中又有了翻身的动作。所以教师在教学节奏时要引导学生去感受周围事物发出的声音，只要注意听就能感受到它的节奏，如"小雨"的声音，"海浪"的声音，人们走路的声音，汽车的声音……还有周围许许多多的事物发出的声音，那些都是节奏。让学生听着音乐随节奏自由表演，通过身体的运动、表现，使音乐成为看得见的身体活动，同时在即兴创作表演过程中让学生感受雨中"玩耍"的乐趣。在这个过程中学生已经自然而然地与生活经验建立了联系，学生在参与音乐活动的过程中已与音乐融为一体，在主动地探寻、领悟、体验音乐作品美的同时，也学习了音乐的基本知识与音乐技能。

三、创设教学情境

在教学过程中创设多种情境，搭建活动舞台，树立学生积极主动参与学习的主体意识。《新课标》把发展学生的听觉，培养学生对音乐良好的感受能力作为音乐的首要任务，是进一步学习音乐技能的基础。课堂教学是由师生共同完成的，课堂教学的过程应是师生共同参与，相互合作，创造性地实现教学目标的过程。教师首先是这个过程的设计师、建筑师，要搭建出一个能顾及音乐知识体系的内在联系的多重关系，顾及学生多方面成长需要的舞台，让每个学生在自己的舞台上主动、积极、全面挖掘自己的潜能，展示自己的生命活力。例如在教学《我们的田野》时，可给学生创设一片田野的情境，让学生带上各种植物的头饰，再配上动作造型，学生仿佛真的走进了一片田野当中。然后播放音乐让学生分小组分角色进行表演，学生则会兴致勃勃，大胆表现。给所有学生提供一个展示自我的机会，又能让学生参与互评，有益于提高学生音乐鉴赏能力，参与活动学习的积极性也得到了很大的提高。

四、在游戏中学习音乐

迎合学生活泼好动的特点寓教于乐中，是激发学生学习兴趣的重要方法之一。在刚开始接触唱名时，为了引起同学们的学习兴趣，可设计一个同学们喜欢的摘苹果游戏：先在黑板上画一棵漂亮的苹果树，画好后把事先准备好的写着音符的7个苹果贴到苹果树上，然后老师唱音高，学生把相应的苹果摘下来。然后再分组玩游戏，一个小组读唱名，另一个组轮流负责摘苹果。

五、比赛评奖，争出兴趣

调动孩子们身上的荣誉感和竞争意识。大到定期开展全校性的歌咏比赛、集体舞比赛等活动，小到班级中开展的比赛评奖，使学生经常得到音乐的熏陶，保持学习音乐的热情。孩子们互相评比，评出学问，评出体会，提高了鉴赏力，提高了集体荣誉感，在愉快中争出了学习音乐的兴趣。可以是分小组赛、男女比赛、冠军赛、举办"演唱会"等，这样的方式激发了学生自我表现的兴趣。

总之，只有把过去音乐教学中普遍存在的以教师、课堂、书本为主题的方式改变成以学生的生活经验、兴趣、能力为出发点的方式，为学生开拓一片感受音乐、表现音乐、创造音乐的天地，我们的音乐课堂才能够真正地"活"起来。

第二节　提升美术课堂教学质量的有效方法

在小学、初中美术课堂教学过程中，如何根据不同的教学目标实施不同的教学方法，有计划、有目标、有针对性地开展教学活动，使教学方式的设计高效、有效，通过不断变化的方式、方法，千方百计让学生在浓厚的学习兴趣中掌握知识、提升能力，从而达到塑造审美意识、提高审美情操的最终目的，一直是教师需要探索的课题。

一、简化教学环节，优化教学设计是高效教学的前提

课堂教学的成功与否，很大程度上取决于教学思路是否清晰，教学设计是否优化。叶圣陶先生曾说过："教师之为教，不在全盘授予，而在相机诱导。"这诱导即是教学思路，诱导的过程即是教学思路在教学活动中的体现。而诱导过程是否成功，很大程度上取决于教学设计是否优化，而设计的优化与否又以教学思路为基础。一般地说，学生对教材的学习主要是循着教师的思路进行的，因此教学思路不只存在于教师的头脑中、教案中，而必须转化为课堂教学活动。教学思路清晰，美术课堂就会呈现清晰，学生的思维也会渐渐清晰，从而会获得创造性思维的启迪。教师的个人思维品质集中地体现在教学思路上，又以非常鲜明的个性化色彩，潜移默化地影响着学生。

二、精心设计问题，引导学生探究是达到高效教学的关键

提问是组织教学、启发学生思维的手段，能帮助我们探索并优化学生的认知结构，教师应熟悉教材和学生，设计出有价值的问题进行提问。提问应有一定的导向性，如导向文化感、导向品格修养等，促进学生的思考。这样的提问和由提问引出的讨论就有利于学生思维素质和思想素质的养成。另外，教师应

善于运用教学话题，提供一个讨论中心，围绕这一中心引出多个问题。这样做有利于激发学生学习的主动性和创造性，这样的提问应叫开放式提问，它没有标准答案，不能用简单的"是""否"之类的词来回答。它对学生的能力提出挑战，激励学生必须对绘画进一步探究。开放式提问含有很大的容量，但绝不是大得不着边际，应在教师的引导下，紧贴作品，让学生有开掘的天地，对绘画作品做深入的、探究性的讨论。值得一提的是，在这个多向交流的过程中，学生提出的问题可能与教学任务相去甚远，教师应珍视学生的提问，保护学生的思考成果，真正的美术教学是应摒弃某种狭隘性的。

三、引导学生高效的主体性实践

学生主体性实践和认识活动阶段，是学生对所学知识的巩固和深化。教学指导时一方面要让每个学生的能力进一步提高，另一方面又要顾及层次不同学生的表现状况，有针对性的辅导，使学生对自己能力的提高获取自信心。特别强调进行合理的想象和夸张，使作品更具有童趣性。如何更好地向学生传授美术知识和绘画技能呢？要在课堂教改和技能训练中来体现，培养学生用线条、色彩、图像表现自己的意向和技能。例如，在教学人教版小学三年级美术的《漫画》一课时，在黑板上出示一幅海底的背景图画，要求学生描绘形态各异的鱼放在其中。随即，学生运用平日所学的绘画表现技能，开动脑筋绘出新意。不到二十分钟，学生的作业画好剪下来，陆续展示在黑板上的"海底世界"中。有大鱼，有小鱼，有的局部是一条光怪陆离的鱼妈妈，身后带着一群漂亮的小鱼；有的是一群三角形燕鱼围成圈，像绽开的花朵；还有两只大螃蟹挥动铁钳正在比武。

通过添添画画、剪剪贴贴，一幅美妙、奇幻的海底缩影展现在孩子们面前。生动迷人的"鱼游图"伴随着旋律优美的"海之诗"音乐吸引了全班学生，学生们不时发出赞叹声。本课不但完成了教材中要求的内容，而且学生情绪盎然，课堂教学形式活、质量高、效果好，充分调动了学生的丰富想象力和逻辑思维能力，巩固了绘画技能的学习。

学习是需要体验的，因为我们的目的不仅是要让学生接受更多的知识，更重要的是通过知识的学习获得终身学习的能力。严格地说，能力并不是教会的，而是让学生在学习活动中通过接受、体验、感悟、类化、迁移而逐步形成的。心理学家皮亚杰认为："智慧的鲜花是开放在手指尖上的。"这道出了动手体验的重要性。所以在教学中，应该尽可能多地让学生积极动手操作体验，任其在自我探索的活动中发掘创造的灵感。

四、对学生的积极评价

学生自评和互评是学习评价的一个重要组成内容。把评价学生的权力由教师转向学生，学生由被动评价者转向主动参与者，从而调动学生学习的积极性和主动性。在美术教学中，要经常创设与教学内容相关的"评"的机会，让学生乐于参与、善于交流，学生的童心就会不自觉地流露出来，学生的学习兴趣就会提高。同时在评的过程中，教师要尊重学生的评定，给予他们充分的肯定，学生对自己才会充满自信，对以后的美术兴趣才会日益提高。教师要更多地采用即时的、多元的、极富个性和针对性的评价，用赞美的语言激励学生，用委婉的语言批评学生，用具体的语言启迪学生打开思路。对于绘画不好的学生特别需要注意，重要的是对其给予富于鼓励的语言，如"画得不错""你的答案部分是正确的""可以画得更好"等鼓励性话语。类似这样的回复使画得不好的学生能够有自信，而不因为画得不好受到批评。学生行为之后紧跟着表扬和鼓励而不是批评，更有可能促进学生的绘画学习和迁移。在尽可能非评价性的氛围中引发学生自由绘画，这使学生能够自由地发挥想象力，只要给予恰当的反馈和纠正，都能成为绘画学习的起点。

上好美术课贵在得法，教学方法好比船和桥，是达到目的完成任务的一种手段。所以，高效课堂与教学方法密切相关，高效课堂要依赖得当的教学方法去完成。没有简化教学环节、优化教学设计，精心设计问题，引导学生主动探究，处理预设与生成的关系，高效的主体性实践及对学生的积极评价这些灵活多样的教学方法，就不能很好地完成教学任务，提高教学质量便是一句空话。所以要根据教材不同的内容采取不同的教学方法，要研究方法，要有创造性思维，思路活跃、方法新颖，使学生感到有兴趣，吸引学生的注意力，能引起学生积极思维。由此可见，教学方法是完成高效课堂的纽带。

第三节　小学美术鉴赏课的素养教育

美术欣赏课是学校美术教育的一个重要组成部分，它有助于提高学生的整体美术素质、修养、审美能力和理解力，有助于发展学生的创造力和想象力，有助于陶冶学生的情操。

一、运用多媒体进行美术欣赏教学

随着教育体制和结构改革的深入，全面提高学生素质成为教育的首要任务。学会审美是素质教育的重要内容，而美术欣赏是进行审美教育的重要途径，对提高学生的艺术素养和审美能力起着积极的作用。现代教育技术手段的运用，促进了小学美术欣赏教学的发展。而美术欣赏课业的内容量较大、知识点较多，要想较好地完成美术欣赏课教学，让学生在有限的时间内学到更多的知识与内容，教师常常是通过实物投影、电脑课件，让学生在播放中边看边听教师的讲解，展开想象的翅膀，在教师的及时指导下思考、联想、步步深入，使学生在美育教学中促成自我发展。

二、美术鉴赏与文化课相结合欣赏学习法

美术课滋润着孩子们的心灵，培养了孩子们的创造力，也丰富着孩子们的情感。小学生受年龄特征、理解能力的限制，对有些图片欣赏内容不感兴趣，这时候教师可以根据画中内容编故事讲给学生听，也可以让学生根据画面上的内容，再结合生活经验自己编一个小故事讲给学生听，然后进行表演，会收到意想不到的效果。比如：《艺术》三年级上册第六单元《向前！向前》中安排了欣赏油画作品《狼牙山五壮士》，在指导学生欣赏这幅革命历史题材的油画时，教师可先讲述五壮士为了掩护群众和连队转移，引敌人上了狼牙山，一路拼杀，直至跳崖的故事。学生们在听故事时，格外认真，还经常追问后来怎么样。听完以后根据故事情节，再联系作品，让学生从中体会到五壮士为了大局宁可牺牲自我的精神，学生对画中的英雄更为敬重和欣赏。又如：《艺术》三年级上册

《小时候的歌》一课中漫画欣赏《等候多时》，画的是一位胖妈妈，站在凳子上正要将一个糖果罐藏在一个儿子够不着的很高的柜子上，谁知他的儿子是一个模样调皮的小男孩，早已窥透妈妈的计谋，两手各握一把勺子等候在柜子的另一头。这幅漫画充满了童趣，与孩子的生活经验较为接近。教学中若让学生根据画面中的内容将自己想象成那个馋嘴的小男孩，编一个小故事，孩子们的积极性一下被调动了起来，各个兴致勃勃地想把自己创编故事展示给大家，很多学生都编出了不同场景不同情节的小故事，然后分组再将自己的小故事演一演。这样不仅提高了学生的兴趣，加深了学生对漫画及画面内容的理解，还提高了学生的表演能力，特别适用于小学低年级的欣赏教学。

三、点面结合教学法

新课程标准中认为美术学习绝不仅仅是一种单纯的技能技巧训练，而应视为一种文化学习。美术学科既是一门艺术学科，同时也是一门技术性很强的学科。在强调审美能力培养的同时，我们不可忽视教师示范的重要性，使学生学会并掌握一定的美术技能与技法是我们美术教育工作者不可推卸的责任。苏霍姆林斯基说过："老师的智慧不是堵塞道路，而是开拓道路，照亮一条知识路。"在多变的美术课堂上，教师应该根据学生学习的实际情况而设计自己的示范过程与示范要点。如在教学第七册《虫虫大聚会》一课时，教师可以结合书本上所介绍的两种昆虫身体的"基本折叠法"张弛有度地进行示范。由于第一种"上下折叠"的方法比较简单，学生看图后能够很容易理解，所以教师在示范时不需要花过多的时间，点到即可；和第一种折纸方法相比，书本上所介绍的第二种"左右交叉折叠"的方法就显得比较烦琐，这对于一部分学生而言并不好理解。这时，教师的悉心指导就显得至关重要，尤其是开头的折法与收尾的折法，不仅需要教师放慢折纸的速度，而且需要教师能够借助实物投影有针对性地放大折纸的要领，从而引导学生感受到探究的快乐。又如，在教学第三册《手拉手，好朋友》一课时，教师的课堂示范对于指导二年级学生学剪连续纹样有着重要的意义。其中有四个关键的技法点需要学生掌握，一是折纸，二是画样，三是剪纸，四是添画。在示范折纸的过程中，教师可以结合班级学生的认知水平，示范1~2种不同形式的折纸方法，让学生选择自己最容易理解的折纸方式进行练习。在示范画样的过程中，教师可以不采用书本上的图样，直接让学生设计一个自己喜欢的单体图样，进行现场交流。在示范剪纸的过程中，不一定必须把单体图样的细节都刻画出来，只要把单体图案的外形剪出来，尤其是单体图案之间的连接部位剪的过程示范应该放大。在示范添画的过程中，可以结合数字、颜色、图案等多种思维角度进行启迪，起到举一反三的效果。

四、在欣赏课中培养学生的审美感知

在欣赏课中教师要帮助学生对美术作品的色彩、线条、形体、构图等发生感性的、自然的直接关系。审美感知是在感觉的基础上形成的，反映直接作用于欣赏视觉的对象特征总和，通过视觉对人的大脑皮层产生不同刺激，在人的情感中激起类似的、结构基本相同的力的样式，从而使人感受到悲哀、欢快等各种情感。这种对艺术作品的感知是一种充满情感的整体把握。在审美感知中，各种艺术形式的美都能给人感官上的愉悦，在人们心目中激起共鸣，使人的各种心理要素，如思维、记忆、想象等都活跃起来，达到一种兴奋状态，产生丰富的情感。情感在审美中是一个中心问题。美术作品主要是作用于人的情感领域，如万里长城激起学生的民族自豪感，拉菲尔的《圣母像》激起人们愉悦、爱慕、亲切的情感，古希腊雕像《拉奥孔》使人观后有痛苦的体验。美术作品在引起欣赏者的激动和共鸣中，唤起了优美、崇高、悲哀、痛苦等种种思想感情，在潜移默化中使欣赏者接受某种道德情操，受到某种精神品质的熏陶，从而改善人们的情感状态，影响人的行为。审美情感可以说是审美过程中的心里动力。

五、自主合作学习法

现在的小学生知识面较广，有不少学生课前就对所欣赏的教材有所了解，但知识却并未学透彻。无论课上还是课下，学生都有可能对某一作品进行讨论或争辩，解决不了时，要么寻找自己所看过的材料，要么找老师问问清楚。这是非常好的，有利于学生把这一作品的内容学透彻。教师应积极鼓励这类学生，并在表扬这类学生的同时，把这幅作品的内容又传授给了全体学生。这种方法的优点是，学生对其内容的记忆几乎都忘不了，积少成多，形成一种好的学习

氛围后，所学内容就很可观了。不仅在课堂上，当在课下或学生放学时，听到学生们在争论或探讨某一个画家或美术作品时，美术教师的成就感油然而生。在欣赏教学中，教师要注意引导，给学生一片绚丽的天空，学生就能插上想象的翅膀，成为创造的主人。大自然、人类社会、丰富多彩的世界都是人生的教科书。

第四节　体育课课堂教学的途径

体育课是衡量一名体育教师教学水平的重要指标。如何上好一堂体育课？衡量和评价一节体育课是否成功的标准是什么？笔者认为，好的体育课应该是学生在"学习"，课的效果通常是学生学会了或更加熟练了某一项基本运动技能。因此，衡量一节体育课是否成功，可以用三个字来概括：

第一个字是"汗"。所谓"汗"，当然也就是要让学生在体育课中出汗。从某种意义上来说，"汗"代表学生一节体育课的运动量或者运动强度。如果在一节体育课中，学生没有出汗，最起码我们可以说这节课的生理负荷的量或者生理负荷的强度不够。如果生理负荷的量或强度没有达到一定的程度，学生就达不到体育锻炼的目的。

第二个字是"会"。在新的体育与健康课程标准中，"会"是一节成功的体育课乃至整个体育教学过程中最重要的任务。所谓"会"，不但是要使学生学会某一项动作技能，还应使学生学会通过各种体育运动形式锻炼身体的方法。如果是一节技能学习课，那么就应使学生掌握动作的技术要领和练习方法；如果是一节游戏课或者体能发展课，就应使学生在达到锻炼身体目的的基础上，学会通过这些游戏等形式锻炼身体的方法。

第三个字是"乐"。这里所指的"乐"，不单是指要使学生在体育课上或在运动中得到快乐，还指学生要乐于学习，也就是说应使学生主动地去学习，而不是教师主动地教、学生勉强地学，这也是上好一节体育课最重要的衡量指标。如果学生乐学，那么，无论是在课上还是在课后，他都会主动通过体育运动去锻炼身体。

所以，上好一节体育实践课应该要做到以下两方面：

一、精心备课

体育教师不但要备好课，而且备课内容必须细致、周密、全面。体育教师的备课内容包括如下五个方面：

第一，备教材。这其中包括教学目标、教学内容和教学任务。作为体育教师，必须提前对所要教授的教学内容有非常细致的了解，得清楚这节课要达到什么教学目标，所学动作技术的动作步骤和方法；要了解学生在学习这些动作时容易犯什么错误，应该如何纠正；还要知道这些动作是否容易使学生造成伤害事故，应如何保护与帮助等。

第二，备学生。教师要了解我们的教学对象，包括这个班级有多少男生多少女生，甚至每个人的生理和心理状况等，只有做到这一点，我们才可能在教学中因材施教，兼顾所有的学生。

第三，备场地器材。教师应根据教学内容和学生数量等情况选择合理的场地，提前准备好教学器材。其中还要涉及如果没有合适的器材或者器材数量不够，教师应该如何改变并组织教法的问题。

第四，备组织教法。体育教师在了解了教学内容、学生以及场地器材后，要根据教学内容的特点、教学对象以及场地器材的实际情况准备组织教法，尽量减少在队伍组织调动上浪费的时间，合理选择最佳的教学方法。

第五，备天气。作为体育教师，要时刻注意天气变化。教师必须根据天气状况，随时改变教学内容。

二、认真教学

教师要坚持"健康第一"的指导思想，尊重学生的主体地位，把对健康理念的理解传递给学生，让学生真正理解健康的含义，并为达到身心健康的目标而主动去进行身体锻炼。在实际体育教学中，体育教师应注意这三个方面：

第一，教学原则。在体育教学中，有一些教师必须遵守的教学原则，包括身心全面发展的原则、直观性原则、循序渐进原则、巩固提高原则、从实际出发原则、合理安排运动负荷原则、综合创新原则，等等。教师应该遵循这些教学原则，结合实际情况，合理安排教学内容和教学方法等。

第二，要注意改进和提高组织水平。体育教师应严谨地设计教学环节，根据学生人数、教材性质、场地器材条件采用合适的教学组织形式。教师应尽量减少用于整队、调动队伍、布置场地器材、分组集中等教学辅助活动时间，可以安排一定的练习来调动队伍，利用安装、收拾器材，训练学生搬运重物的能力。

第三，要调动学生学习的积极性。只有学生愿意学了，他们才会配合老师的教学，主动地去学习，才能达到教学目标，实现使学生锻炼身体的真正目的。

那么，如何调动学生的积极性呢？

首先，教师所选择的教学内容必须符合学生的生理和心理特点，教学内容和教学方法要新颖。比如，在小学课堂中，教师可以设置一些有意思的游戏吸引学生的注意力，引出与游戏有关的课堂主旨，这样就会在无形中从游戏转变到课堂内容的学习中，学生学习的积极性也会在无形中得到延伸。

其次，教师要确定合理、正确的教学目标。如果教学目标太难，学生通过自身努力难以达到，他们就会遭遇挫折，失去继续学习的动力；反之，如果教学目标太简单，学生不用付出努力就可以达到，那么，他们会因此失去挑战性而丧失学习兴趣，也达不到锻炼身体的目的。所以，教学目标的确定必须根据学生实际情况，量身订制。

再次，教师要善于唤起学生学习的兴趣和学习的需要。比如，在教学中可以运用一些奖励或者惩罚来激起学生的学习动力。但是，值得注意的是，在教学中应该多运用奖励手段，而少用惩罚，即使用惩罚，也应适可而止，不能太重，否则会伤害到学生的自尊心。

最后，教师可以安排一些游戏或者是具有创新性的活动，这样可以满足学生的好奇心和好胜心，从而激发他们的学习动机。

当然，调动学生积极性的方法还有很多，老师可以在教学中灵活安排。

做什么事都要善始善终，体育课教学也是这样。在课的开始，教师要安排好准备活动，以免学生在运动中出现伤害事故。在一节体育课的最后，教师也要安排好放松内容，使体育锻炼不会影响学生正常的学习和生活，这样才能真正达到体育课锻炼身体的目的。

一节成功的体育课，不仅局限在课上，还表现在课后。这节体育课是否真正成功，有没有达到教学目的，还要看学生掌握了多少，这就要靠教师课后调查，反馈信息，从而改进自己的教学方法。这也是衡量一节体育课是否成功的重要标准之一。

如何上好一节体育课看似简单，其实包含很多方面，包括体育教师本身的综合素质、课程体系设置、学生情况和学校情况等。这就要求体育教师具有精深扎实的专业知识、丰富的教育科学知识和广博的文化科学基础知识，意味着教师要不断充实自己，使自己适应社会发展和时代发展，时刻关注体育运动的发展、体育课程的改革和学生的成长，才能保证自己教好每一节体育课。

第七章 探究经典案例引发反思

案例是教学问题解决的源泉。通过案例学习，可以促进每个教师研究自己，分享别人成长的经验，积累反思素材，在实践中自觉调整教与学的行为，提高课堂教学的效能。

案例是教师专业成长的阶梯。运用案例教学，可以将听讲式培训导向参与式培训，在搜集案例、分析案例、交互式讨论、开放式探究和多角度解读的过程中，提高教师培训的针对性和实效性。

案例是教学理论的素材库。一个典型的案例有时也能反映人类认识实践上的真理，从众多的案例中，可以寻找到理论假设的支持性或反驳性论据，并避免纯粹在理论的研究过程中出现的偏差。

第一节 "奇妙的动物世界"教学设计

一、知识目标

（1）通过此次口语交际活动，提高学生的口语交际能力，给他们提供展示的机会，在交际过程中使学生了解到更多的动物知识和趣事。

（2）在跨学科的学习过程中，了解身边的动物，能抓住特点来介绍动物的样子，达到口语表达训练的基本要求——主题鲜明、语句通顺、情感真实。

（3）将品德与生活学科的主题"和动物交朋友"、美术学科的"泥塑"作品和音乐学科的歌曲《小动物唱歌》相结合，塑造大语文观，促进学生语文素养的提升。

二、能力目标

（1）巧妙设计多学科的教学活动，促使学生在训练口语表达的同时，能运用其他学科的知识与技能丰富口语表达的内容，提高社会生活表现能力，培养他们的创造力。

（2）着重培养学生的语文实践能力，让学生更多地直接接触语文材料，在大量的语文实践中掌握语文的规律。积极提倡学生主动探究、团结合作、勇于创新，促使学生在语文综合性学习中全面提高语文素养。

（3）拓宽语文学习和运用的领域，注重跨学科学习和现代科技手段的运用，使学生在不同内容和方法的相互交叉、渗透与整合中开阔视野，提高学习效率，初步获得现代社会所需要的语文实践能力。

三、情感目标

（1）在主题跨学科课程学习中，培养学生仔细观察动物的兴趣，激发他们了解动物、亲近动物、爱护动物的情感，感受人与动物之间和谐、友好生活的氛围。

（2）根据学生身心发展和语文学习的特点，关注学生的个体差异和不同的学习需求，保护学生的好奇心、求知欲，充分激发学生的主动意识和进取精神，倡导自主、合作、探究的学习方式。

（3）鼓励学生在学习过程中发现美、体验美、表现美、创造美。

四、教学目标

（1）了解更多的动物知识和趣事，知道更多获得动物知识的途径，运用多种形式促进口语表达。

（2）与人交际时，要做到说话完整、生动，交流有礼貌。

（3）激发学生进一步了解动物的兴趣和亲近动物、爱护动物的情感。

五、教学重点

通过互动和交际了解更多的动物知识和趣事。

六、教学难点

在活泼开放的交际形式下，把话说完整、说生动，交流要有礼貌。

七、课前准备

(1) 与品德与生活的老师设计"奇妙的动物世界"主题展板，展板图片等材料来源于学生前期搜集的内容。

(2) 与美术老师设计"奇妙的动物世界"主题捏塑教学内容，教授美术专业知识，捏出学生喜欢的动物形象。

(3) 与音乐老师设计"奇妙的动物世界"主题的歌唱教学内容，教学生学会演唱《小动物唱歌》，并结合生活续编歌曲。

八、教学过程

(一) 创设情境，激发兴趣

课前两分钟：播放音乐视频《小动物唱歌》，营造活泼的授课氛围。教师激情引导学生回忆：前几天，我们在品德与生活课上开展了主题参观活动，快请看品德与生活授课视频，回忆主题内容和收获。(教师引导学生回忆)

【设计理念】通过参观、查找资料、调查、合作交流等方式进一步走近动物，了解各种动物为人类做出的贡献，激发学生表达的欲望。

教师：我现在摇身一变成了记者，采访一下你们参观展览后的感受。(学生自由表达亲身感受和收获)

【设计理念】通过参观展览使学生充分感受到动物的可爱，激起学生喜欢动物的情感，以及愿意和动物交朋友的情感。

(二) 倾情投入，亲近动物

1. 第一个环节：介绍作品

教师：美术老师带领大家制作了可爱的小动物。请看我们班的制作。

(播放配乐 PPT：学生美术课堂集锦。)

教师：出示 PPT：我制作了一（　　）（　　）的（　　）。(指名说) 你能向大家介绍你制作了什么吗？你能用这样的句式再说一遍吗？

【设计理念】巧妙运用美术课上制作的美术作品,引导学生调动各种感官观察动物泥塑,激发他们的内心情感,提供口语表达句式进行无痕教学。

2. 第二个环节:描述动物的样子

教师:是啊,动物都有可爱的模样,你听,我们班同学向你描述一下动物的样子。(播放学生前期口语表达视频)

教师引导学生思考:同学们讲出动物名称,并抓住动物的样子、特点进行了介绍,你能这样说说你手中那种动物的特点吗?(交流前要先看视频,说话大方自然。)遵循自己练说—同桌互说—全班交流的顺序。

3. 第三个环节:交流趣事

在我们身边生活着很多小动物,大家和它们之间有很多有趣的故事。你们说说,怎样才能把这个故事讲好呢?(学生说标准,老师板书。)

(1) 自己练说。

(2) 3人小组交流。

(3) 一行为一组交流。

(4) 本组优胜者帮助指导。

全班交流,都讲述完毕后,请上所有演讲者,每人奖励一张动物卡片,并让他们感谢同学们的帮助。(每张卡片上面都有一个可爱的动物形象,并配有这个动物的谜语。)让获奖同学代替老师给每个同学发一张卡片,同伴之间互相欣赏。

【设计理念】循序渐进地引导学生学会表达,从一句话到一段话,从一个人到一个群体,在多层次的学习活动中,提升学生的口语表达能力。

(三) **音乐表现,升华情感**

播放歌曲视频《小动物唱歌》,学生瞬间就被吸引过来,师生进行表演,教学进入高潮。

引导学生为自己喜欢的动物创编歌曲,小组进行分享,并在全班展示。

【设计理念】巧妙地引入音乐课中收获的知识,体验表现美的过程,激发学生喜欢动物的情感,创编美妙的歌曲。

(四) **责任担当,激情呼吁**

播放同学们与动物亲密接触的生活照片,呼吁大家通过各种途径更多地了解动物、保护动物。学生们或口语表达或书写标语，然后分享。

【设计理念】再次和品德与生活学科结合，在促进学生提升口语表达能力的同时，赋予每个学生社会责任感，呼吁全社会人人爱护动物、保护动物，从每个家庭、每个班级、每个人，从每件小事做起。

第二节 "秋天的画"教学设计思路

一、教学设计

(一) 知识目标

结合课文内容，利用生字本身的构字特点，认识9个生字。

(二) 能力目标

能正确、流利、有感情地朗读课文，并尝试背诵。

(三) 情感目标

体会作者对秋天的景象以及对勤劳的人们的喜爱、赞美之情。

(四) 教学目标

(1) 结合文章内容，利用生字本身的构字特点，指导学生识字。

(2) 正确、流利、有感情地朗读课文，尝试背诵。

(3) 体会作者对秋天景象的喜爱以及对勤劳的人们的赞美之情。

(五) 教学重难点

(1) 认识"勤、粱、燃"等9个生字。

(2) 正确、流利、有感情地朗读课文，读好问句。

(3) 引导学生初步认识比喻句的形式，并从课文优美的语言文字中体会秋天丰收的喜悦。

(六) 教学过程

1. 新课导入

导入：在上节课中，我们看到了如诗如画的秋景，这节课我们继续欣赏秋天美丽的画卷。

2. 出示书中的图画(练习表达)

教师：同学们看到了什么？用优美的词句赞美它们吧！

3. 初读课文，整体感知

(1) 自读，注意把课文读正确，读不好的地方多读几遍。

1) 巧记生字。

A. 顺口溜。

燃：火苗点起会燃烧，燃烧火焰冲云霄。

B. 猜谜语。

梁：青竹竿，十多节，头上顶着红结结。

C. 溯源法。

勤：形声兼会意字，借助金文和篆文帮助学生记字形。

2) 字词造句。

词语：图画　　　美丽的图画

　　　梨树　灯笼　梨树挂起金黄的灯笼

　　　波浪　　　稻海翻起金色的波浪

　　　高粱　燃烧　高粱举起燃烧的火把

　　　勤劳　　　勤劳的人们画出秋天的图画

(2) 读课文，想一想。

PPT 出示：秋天是（　　　）

4. 细读课文，激发情感

(1) 自读、思考：美丽的图画上画了什么？

教师帮助学生梳理：画了植物、动物、人。

过渡：文中是怎样写植物的呢？

(2) 重点指导，比较朗读以下句子。

梨树挂起金黄的灯笼，苹果露出红红的脸颊，稻海翻起金色的波浪，高粱举起燃烧的火把。

梨树挂起灯笼，苹果露出脸颊，稻海翻起波浪，高粱举起火把。

1) 读读这两组句子，你觉得秋天的植物怎样？

回答：色彩美。

2）看图读出色彩的艳丽。

再读句子，想想除了植物的色彩美，你还体会到了什么？

教师出示：梨树挂起金黄的灯笼，苹果露出红红的脸颊，稻海翻起金色的波浪，高粱举起燃烧的火把。

回答：样子美。

3）看图，读出你的感受。

教师出示：梨树挂起金黄的灯笼，苹果露出红红的脸颊，稻海翻起金色的波浪，高粱举起燃烧的火把。（如果学生能自主发现，教师可以不给出示，让学生自读自悟。）

A.读一读。

B.你又体会到了什么。（作者把梨树、苹果、稻海、高粱当作人来写，多有意思呀！）

C.读出喜爱之情。

D.在美丽的秋季，还有哪些庄稼和水果丰收了？（PPT出示图片让学生欣赏）能把你看到的景象用学过的成语说一说吗？（瓜果飘香、五谷丰登……）

4）学习后两句。

A.教师引读：谁使秋天这样美丽？

B.你们知道神奇的画家是谁吗？

C.想象一下，勤劳的人们指的是哪些人？为什么说是勤劳的人们画出了美丽的图画？

D.假如你就是蓝天中的一只大雁，你会对勤劳的人们说些什么？

E.男女声对读后两句。

5.回顾整体，尝试背诵

（1）美丽的秋天让人产生无限的遐想，勤劳的人们让我们崇敬，让我们有感情地再读读这篇优美的小文吧！

（2）你有不懂的问题吗？（破折号的作用是什么？大雁为什么排成人字？）

（3）想象文中描写的丰收的美丽景象，尝试背诵课文。

6.指导书写

（1）出示生字，全班认读。

(2) 独立观察书写特点，尝试书写。

(3) 教师巡视，个别指导。

(4) 共性问题，再次指导。

7. 板书设计

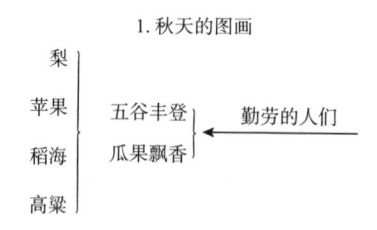

```
              1.秋天的图画
    梨  ┐
    苹果 │ 五谷丰登  ← 勤劳的人们
    稻海 │ 瓜果飘香
    高粱 ┘
```

二、美术教学课程设计分析

(一) 欣赏秋天的景色

给学生观看图片或者视频，或是带领学生外出观察秋天的景色。

(二) 师生谈话：看了这些，你想说些什么呢

引导学生说出自己对秋天的感受：很美，秋天是收获的季节，树叶都变黄了……

师生交流对秋天的树林及田野的感受，重点交流对秋季树林和田野的色彩及大树外形的感受，引导学生大胆设计秋天的树林和田野。启发学生讨论：从远处望去，秋天的树林和田野是什么样的？从近处看，秋天的树林又是什么样的？

首先，引导学生合理构图，图画中要有秋天的树林和田野。

其次，引导学生大胆地使用色彩，用水粉有层次地表现秋天的树林和田野。

(三) 我们来看看诗人眼中的秋天

欣赏散文，请一位同学有感情地给大家朗读这篇散文，其他同学闭上眼睛，想象秋天的景色。

我漫游天坛，发现北门内那两排银杏树，满身都停满了黄蝴蝶。秋风一吹，蝴蝶纷纷飘落地上，待细细一看，却又都变成用黄绢裱制的小扇面，宽边上，还留着一道未曾褪尽的绿镶边呢！我又发现，在那残留枝头和铺满地上的红叶中，竟有我在南方所想象不到的层次：金色、橘红、曙红、猩红、赭石……几

乎没有两片树叶是同色的，就是同一片叶子，也往往是橘黄中渗透着桃红，丹红中凝结着玫瑰紫。

(四) 欣赏音乐

如果说春天是一首生机勃勃、节奏欢快的歌，那么秋天就是一首抒情的曲子，下面我们来欣赏两首曲子，听听哪一首是描写秋天的呢？再次放秋天的景色。

(五) 同学们说得非常好，如果你画秋天你会选择怎么去画呢

(学生讨论，教师出示范画。)

(1) 农民的丰收。

(2) 动物的收藏。

(3) 美丽的树林。

(4) 悠闲、快乐的郊游。

第三节　"角的初步认识"课堂实录及反思

一、创设情境，导入新课

1. 激发兴趣

师：同学们，今天徐老师出一道很容易的题目给你们。你们看，3减1等于几呢？

生：等于2。

师：还有别的答案吗？

生：(迟疑了一会儿) 没有了！

师：还有可能等于4。

师：大家如果不相信，我验证给你们看，我把一张三角形的纸剪去一个角，还剩下几个角呢？

师：现在知道为什么 3−1=4 了吗？

生：我知道了，原来有三个角，剪去一个角后，还剩下4个角。

师：大家一起来把四个角数一遍，1、2、3、4，共4个。

【思考】布鲁纳说："学习的最好刺激乃对所学材料的兴趣。"用3-1=4而不是等于2来导入新课，学生感到很新奇，然后教师用实践验证了3-1的确等于4的道理，学生看后心服口服，这样的活动设计能激发学生的学习兴趣，使他们在体验中学、在快乐中悟。

2. 揭示主题

师：在这四个角中，你最喜欢那个角呢？请你上来用笔描一描好吗？

生：在最喜欢的角上用笔描了一个小点点（图7-1）。

师：这是一个点，你们认为是角吗？谁上来修改一下？

生：上来修改了一下，真正描出了一个角（图7-2）。

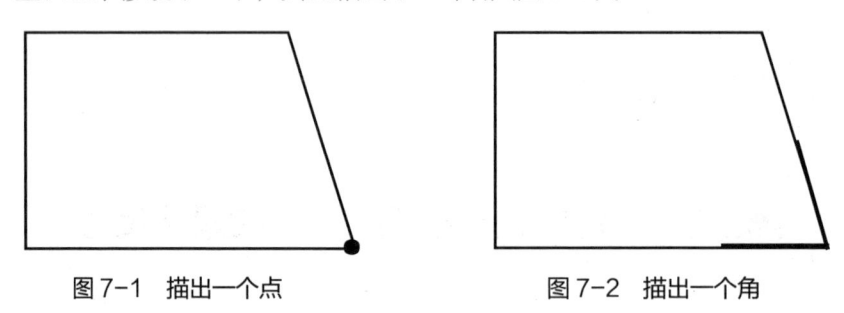

图7-1　描出一个点　　　　　图7-2　描出一个角

师：请同学们跟着老师把角描一遍（图7-3）。

老师是先描一个顶点，然后从顶点出发依次描出两条边。

师：接下来，再请一位同学来描一描你喜欢的角（图7-4）。

学生描角的过程跟前面的描法大不一样了，知道从顶点出发了。

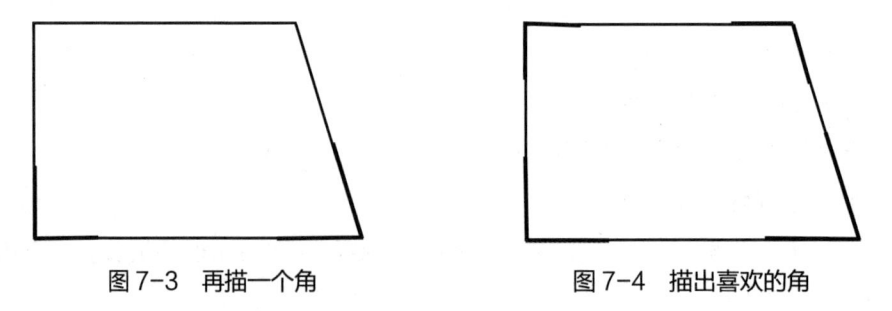

图7-3　再描一个角　　　　　图7-4　描出喜欢的角

师：如果把同学们所描的四个角提取出来，这就是今天我们要学习的数学意义上的角。

【思考】角是我们非常熟悉的名字，但对于没有学过角的二年级小朋友来说，是无法正确指出角的，把角作为一个平面图形从物体中分离出来，二年级的小朋友不那么熟悉，在他们的潜意识里，角只是物体上一个尖尖的地方，根本不会考虑到角还有两条直直的边。因此设计请小朋友描自己最喜欢的角这个片段，小朋友描的是角的一个小点点，笔者在黑板上点一个点说："角是这个样子的。"接着问："这是角吗？"学生马上明白了角还要再描两条边，通过学生的一个错误指法，制造认知冲突，然后问："谁再来描出一个完整的角？"学生便清楚了，描出了完整的角。

板书：角的初步认识。

二、观察实践，探究新知

1.学习角的各部分名称

师：同学们，现在我们来想象一下，角都有哪些共同点呢？

生：都有一个端点。

师：这个端点能换个词语吗？

生：顶点。

师：还有吗？

生：都有两条边。

师：谁来黑板上画一下四个角的顶点和边各在哪里？

学生比画着。

【思考】学生前面已经知道了角大概是什么样子的。在此环节，教师精心设计"这四个角有什么共同的特点"这一问题，用问题引领学生思考，学生通过自己的观察、分析、比较得出角由一个顶点和两条边组成。角的各部分名称由学生自己悟出，自己悟出的知识不容易忘记。

2.欣赏角

师：同学们，像这样的角在生活中是很多很多的，我从教室中找了一些角，请你们欣赏一下。

学生仔细地看着。

师：欣赏了角后，有什么感受吗？

生：日常生活中到处都有角，今天我一定要认真学好角的有关知识。

生：生活中的角真美呀！

生：世界上的角怎么这么多呀！

……

【思考】创设让学生欣赏生活中美丽的角这个环节，使学生感受到生活中很多地方都有角。生活离不开数学，让学生真正明白数学源于生活又寓于生活的道理，从而使学生对数学产生浓厚的兴趣和亲切感，同时也培养了学生的审美情趣。

3. 找角

师：刚才同学们欣赏了生活中美丽的角，如果让你从生活中找一些角，你能找到吗？

生：黑板上有角。

生：(激动地掰开自己的剪刀)这里有角。

生：老师，装七巧板的盒子上也有角，这儿是顶点，这儿是两条边。

……

师：像这样的角是永远找不完的，我们也不一一去找了。

【思考】找，就是找到角在生活中的原型，能够在生活中找到各种各样的角，丰富学生对于角的感性认识，实践证明，学生的感性经验越丰富，那么形成认知就越容易，感性经验越多，学生的认识就越完整。

4. 制作角

(1) 折角。

师：同学们，刚才认识了角、欣赏了角、也在生活中寻找了一些角，接下来，请同学们用灵巧的双手制作一个角。

师：在做角前，我提出三点要求：当同学需要帮助的时候，你一定要伸出热情的双手去帮助他；做角时的态度一定要认真；要注意安全。

师：请同学们用圆形的纸片折出一个角，指出顶点并摸一摸两条边。

学生汇报。

【思考】吴卫东教授曾经说过："通过实践操作，开放学生'全脑'，引导他们眼、手、脑、口等多种感官参与，让学生体验知识的动态生成，有助于学生理解概念。"这里通过学生的折角、摸角、说角活动,把静态的课本材料,变成动态的教学内容,让学生通过感知、操作,把外在可见的和内在不可见的角印在大脑里,帮助学生形成角的正确表象,初步建立角的概念。

(2) 做旋转角。

师:请同学用两根硬纸条和一枚图钉做一个旋转角。

生:我做好了一个旋转角。

师:我请最棒的小朋友上来展示。

师:要使她的这个角变大,同学们想想有什么办法呢?

生:应该往上一点。

师:什么东西往上一点。

生:边往上一点。

师:那你的意思就是两条边张开一点,是吧?

生:两条边再张开一点。

师:更大一点该怎么办呢?

生:把角度变平。

师:张开一点,再张开一点,直至两条边在一条直线上。二(3)班的同学可真厉害!能想出这样的角来,像这样的角就是四年级要学习的平角及其顶点和边。

生:两条边在左右两边。

师:对,如果使角变小一点,那又该怎么办呢?

生:两边合拢一点。

师:有不同的想法吗?

生:两边并拢一点,角就变小。

生:干脆把两条边并拢在一起,不就变成0°了。

师:看来,角是有大小的,两边张开一点,角就变大,两边合拢一点,角就变小。

【思考】让学生从认识静态的角过渡到动态的角,使学生直观地看到,纸条张得越开,角就越大;纸条合得越拢,角就越小,由此渗透"角的大小与两条边叉开的大小有关"的本质特征。特别是当学生说把两条边弄平,这么朴实的语言却道出了四年级要学习的平角内容。在进行两条边并拢的过程中，学生竟然说出了把两条边重合，就变成0°这样的话语。从与学生的对话交流中我感悟出一个道理，在动手操作的过程中，如果给孩子留出思考的时间和空间，学生的思维就会如泉水般涌出。这样的过程设计，体现了新的教学理念，即变抽象为直观，变静为动，化难为易。

(3) 用手势做角。

师：跟老师一起来做手势，角大一点，再大一些，更大一点。

生：干脆变平，不就是平角了。(学生轻声嘀咕着：手很痛，很难弄平呢！)

师：变小一点，再变小一点。

生：干脆两只手并在一起好了，不就是0了。

师：你们的意思就是变成0°的角，对吧？

师：同学们真的像孙悟空一样厉害！能随机应变，真了不起！

【思考】教师教学过程中的鼓励，激发了学生进一步学好数学的信心。学生利用手势做动态角的过程中，脸上洋溢着灿烂的笑容，说明数学真好玩。数学学习应让学生体验到"数学好玩"，感受数学的无穷魅力和学习的快乐，从而对数学产生强烈的兴趣和求知欲，真正使数学学习成为一种乐趣、一种享受！

5. 画角

师：刚才同学们用灵巧的双手制作了角，现在请同学们在白纸上画一个角，看谁画得好。(教师选了三幅作品，第一幅是顶点处是拐弯的角，第二幅是顶点没有特别明显的角，还有第三幅是顶点特别明显的角。)

师：请你们看看这位同学的角。

师：××同学，你为什么笑了？

生：他画的角，顶点处怎么拐弯呢？顶点处应该是尖尖的，不能拐弯。

师：同学们可要听明白，顶点处是不能拐弯的呀！

师：请你们看第二幅作品，感觉怎样？

生：画得很漂亮。

师：接下来看第三幅作品，仔细看，找出与第二幅作品的不同之处。

生：第二个角的开口是朝左边的，第三个角的开口是朝右的。

师：是的，还有不同之处吗？

生：第三个角有一个点。

师：这个点，叫什么名字呢？

生：叫顶点。

师：画角时是不是先画一个顶点呀？

(学生摇摇头。)

师：那是怎样画的呢？

生：先画两条边，再点一个点。

师：我们一起来看看电脑是怎样画角的。

生：计算机是先画一个顶点，再从顶点出发画两条直直的线。

师：请你们按照电脑的画法再画一个角。

【思考】画角是本节课的教学难点。所以我先让学生尝试画角，然后把学生三幅具有代表性(拐弯的、顶点不明显的、顶点明显的)的角放在展示台上让学生仔细观察、比较、交流，再通过计算机示范画角，在此基础上请学生重新画角。这样的画角教学步骤，使学生在操作中感悟，在体验中反思，在类比中发现，准确、科学地掌握了画角的方法，深化了对角的认识。

三、回顾全课，总结提高

师：通过本节课的学习，你们有什么收获呢？或者知道了什么？

生：我知道今天学习了角的初步认识。

生：我知道角是由一个顶点和两条边组成。

生：我知道3减1有些时候等于4。

师：你的意思就是说在特殊情境下，3减1可能等于4。

生：我学会了怎样画角。

生：我学会了数角。

生：我知道了日常生活中有许多美丽的角，就像天上的星星一样，数也数不清。

生：我知道生活中的角要靠我们自己去发现、去探索。

【思考】课堂小结的过程中，知识流、信息流、思想流、方法流、情感流等密集交织，学生在平等的对话中和谐发展，领略数学的风采，共享生态课堂。

第四节 "三角形面积的计算"教学案例与反思

一、"三角形面积的计算"表示实践

师：老师给同学们带来了一份礼物，就在信封里面，赶快瞧瞧吧！

生：老师，你送我们6个三角形用来做什么呀？

师：老师想让同学们利用当中两个同样的三角形任意拼成各种各样的图形。（学生动手活动）

师：能用两个同样的三角形拼成我们学过的平面图形吗？

生：能！能拼成三角形。

师：是吗？其他同学行不行？我们分小组合作，看看任意两个同样的三角形到底能拼成我们学过的那些平面图形？（小组合作，互相帮忙）

生：能拼成三角形。

生：能拼成长方形。

生：只有两个直角三角形才能拼成长方形。

生：两个同样的锐角三角形能拼成平行四边形。

师：真的吗？怎样才能又快又好拼出平行四边形呢？（生动手拼摆）请拼出的同学示范怎样拼。（老师从旁指导，并适时用课件演示，渗透"旋转""平移"的数学方法）

师：原来真的可以拼成平行四边形！是否每两个同样的三角形都能拼成平行四边形？请同学们小组合作拼一拼，拼完后讨论交流一下你有什么发现？并把你的发现记下来。

生：我发现任意两个同样的锐角三角形、直角三角形、钝角三角形都能拼成平行四边形。

生：拼出的平行四边形里面有两个同样的三角形，那就是说拼出的平行四边形的面积是其中一个三角形面积的2倍。

生：我发现两个同样三角形拼出的平行四边形的底、高都和三角形的底、高相等，根据平行四边形的面积公式可推导出：三角形的面积＝底×高÷2。

结合学生的回答，教师用计算机演示：

平行四边形的面积＝底×高

三角形的面积＝底×高÷2

……

师：这节课，你们学到了什么？

生：学会计算三角形的面积。

师：我觉得你们表现得很好，谁能说说好在哪儿？

生：三角形的面积公式是我们自己发现的。

生：我们能小组合作，互相帮忙。

师：你们还有什么问题吗？

生：三角形的面积公式能不能用"高×底÷2"？

同学们经过讨论作出了正确的回答。

二、"三角形面积计算"课后思考

(一) 设计悬念引入新知、激发学习兴趣

对于三角形面积计算的引入笔者曾经这样设计：先出示锐角三角形、直角三角形、钝角三角形各一个，让学生用数方格的方法数出三个三角形的面积。然后让学生观察三个三角形的底、高和面积就会发现都相等，再让学生猜想：三角形的面积会与它的什么有关？进而引出课题。这样的设计也符合小学生的认知规律，但笔者发现，学生的积极性没能充分调动起来，学生的思维还处于平静的状态中。学生对所学的知识没有很大的兴趣，无法主动地参与到学习活动中，又怎能得到发展呢？于是，笔者做了新的设计：利用学生"爱玩"的天性，先让学生将两个同样的三角形任意拼摆成各种各样的图形，放开了学生的手脚，让学生在愉快的气氛中自由地拼摆，玩得自由自在，在学生玩得兴奋时及时设计悬念："两个同样的三角形能否拼成我们学过的平面图形？"这个具有一定挑战性的问题不仅增添了学生的学习兴趣，而且激起了学生用更大的学习热情去探索新知。

(二) 设计悬念发现规律、获取成功

对于三角形的面积是拼成的平行四边形面积的一半这一知识规律的教学，通常是教师引导学生观察拼成的平行四边形内有几个同样的三角形，然后启发学生得出三角形面积是拼成的平行四边形面积的一半，即三角形的面积＝底×高÷2，然后通过练习达到一定的熟练程度，这样的教学学生也能有效地掌握基础知识和基本技能。但是这样教学，学生主要依靠教师的指引，而缺乏主动性，因此学生的学习就显得很被动。如何能够更好地唤起学生的求知欲望，使学生主动地发现规律呢？笔者认为设计悬念是一种有效的策略。顺着学生发现两个同样的锐角三角形可以拼成平行四边形的同时，立即提出悬念，激起疑惑："是否每两个同样的三角形都能拼成平行四边形？每个三角形与拼成的平行四边形究竟存在着怎样的联系？"学生在强烈的求知欲的驱动下展开了多种感官参与的实践活动，进入了积极、主动的学习状态。经过一番激烈的思考、讨论和交流，学生终于发现每个三角形的面积是拼成的平行四边形面积的一半，从而推导出三角形面积的计算方法。这样的学习，学生学得积极主动，学得有趣有效，并能体验成功的喜悦。

数学教学不仅要让学生获取数学知识，更重要的是激起学生主动去发现数学问题。利用设计悬念，让学生积极主动地去学习，这比单纯地接受知识不是更有价值吗？

第五节 "学生喜欢这样学"教学案例与反思

一、教学"秋游"教学实践

师：这幅画上面画的是什么？（学生的兴致一下子提高了，不约而同地说出"秋游"）

师：秋游是同学们最喜欢、最感兴趣的事。今天就请你们自己来组织一次秋游活动，设计一个租车方案，看看每种车各用几辆比较合适？你们能说出几种不同的方法吗？

(学生分组讨论，然后交流)

生1：我们组决定租4辆大客车，这样共有180个座位，能坐165人，还空15个座位。

生2：我们组决定租6辆中型客车，这样也有180个座位。

生3：我们组决定租2辆大客车和3辆中型客车，这样也共有180个座位。

生4：我们组决定租3辆大客车和1辆中型客车，这样正好有165个座位，刚好能坐下。

生5：我们组同意生1的方案，这样租车能多空一些座位，可以放同学们的行李，坐得舒服些。

生6：我们组觉得生4的方案好，因为座位空得多也是浪费的，要多花钱的。

师：刚才这位同学提到了又一个很重要的问题。租车除了要考虑座位够不够外，还要考虑花钱的多少，我们都希望能找到一个既够坐，又经济划算的好方案。如果租一辆大客车要200元，租一辆中型客车要150元，那么怎样租车比较好呢？

(学生分组讨论，然后交流)

生1：我们通过计算发现"租3辆大客车和1辆中型客车"比较好，座位正好够，而且只要750元。

生2：我们认为租4辆大客车也比较好，共花800元，但座位能空下一些。

生3：我们认为这两种方案都蛮好，第一种方案花钱最少，第二种方案只多出50元，但同学们可以坐得舒服些。

二、教学"秋游"课后思考

原想8分钟足以教完这道题，不曾料到学生对这一题所表现出的热情，讨论之热烈，思维之活跃，竟使解决此题足足花了30分钟的时间。反思整个教学过程，最关键的是这道应用题取材于生活，还原了生活本质，促进了学生主体的发展。

(一) 从学生的生活实际中选取素材

以往教材中的应用题较多的是经过数学处理的"形式化"的常规习题，远离学生的生活实际，使得许多学生在习题面前自信心受到伤害，长此以往学生不但对应用题产生恐惧心理，也会丧失运用数学知识解决身边所发生的数学实际问题的能力。应用题源于生活，每一道应用题总可以在生活中找到它的蓝本。就拿租车这题来说，它选择了学生最喜欢的秋游活动的生活情境，学生身临现实情境，感到特别的亲切，与其说是解答数学应用题，还不如说是在做发生自己身上的一件事情。学生不是为了解题而解题，而是尝试用数学思维方式去观察生活、解决生活问题。在课堂上，学生表现出如此的热情，正是应用题生活化所带来的变化。

（二）还原生活本质，培养学生思维

以往教学过程过分追求知识的系统性、逻辑性、严密性以及追求答案的唯一性，学生的思维则是习惯性思维。而现在将应用题生活化了，生活化并不是意味着数学知识的简单化，相反，还原数学以生活本质更有利于学生思维的发展。生活是一个开放的大环境，加强数学的生活化，在一定程度上加大了数学知识的开放程度，更有利于学生发散思维的培养，从中使学生学会选择信息、学会组合条件、学会从不同的角度思考问题。为此，在解答租车这题时，学生的思维不仅仅停留在每辆车的人数的分配上，还想到了更多的关于租车时遇到的实际问题：如每种类型的车的租金不同，也会使租车方案受到影响；租车时不仅要考虑到人数，还要考虑到哪种方案所用的钱最少、最经济实惠等。一系列创造性的解答，不正是还原生活本质所带来的变化吗？

（三）给学生自主选择的权利

以往的应用题教学中，学生更多的是模仿解题，注重解题技能和解题技巧的训练，学生没有选择的权利，没有思考想象的机会，更没有主动探究、创新思维的时间与空间。教育的目的并不仅仅是让学生学到更多的东西，而是尊重学生，解放学生，还给学生一个儿童的生活、儿童的世界。作为一个自立的人，学生的成长需要自由的时间和空间，而且我们面对的是能力、经验不尽相同的学生，若提出统一的要求，则不能满足所有学生的需要，而租车这题改变了以往应用题的呈现形式，应用题生活化，注意了问题的开放性，即问题情境开放、条件开放、解题的策略也开放，这些满足了不同层次学生的需要，真正体现了不同的学生学不同的数学。

参考文献

[1] 罗建宝. 小学数学课堂教学中学生创新能力的培养方法探讨[J]. 学周刊, 2022, 12(12):136-138.

[2] 王砚娟, 赵远芳, 邱宗春. 关于小学数学课堂教学方法的创新研究[J]. 魅力中国, 2019(52):68-69.

[3] 黄中翠. 创新课堂教学理念下的小学高年级数学教学方法研究[J]. 中外交流, 2021, 28(4):375.

[4] 李洁. 让课堂洋溢创造——浅析小学英语课堂教学方法的创新[J]. 魅力中国, 2020(47):95.

[5] 尤国勤. 浅谈小学语文课堂教学方法的改革和创新[J]. 新教育时代电子杂志(教师版), 2017(40):28.

[6] 许银森. 创新小学体育教学方法提高体育课堂教学效率的探究[J]. 考试周刊, 2019(23):153.

[7] 祁洒力. 分析新课改下翻转课堂小学数学教学方法的创新[J]. 中学课程辅导(教学研究), 2019, 13(8):12-13.

[8] 刁佳. 小学英语课堂阅读教学方法的创新探究[J]. 考试周刊, 2021(18):75-76.

[9] 谢东玲. 创新课堂教学理念下的小学高年级数学教学方法研究[J]. 科学咨询, 2018(40):125.

[10] 侯翔巧. 基于创新教学方法视角下的小学数学课堂教学探析[J]. 速读(上旬), 2018(3):84.

[11] 黄惠敏. 创新小学体育教学方法提高体育课堂教学效率的策略探究[J]. 考试周刊, 2021(69):4-6.

[12] 孟晓明. 小学英语课堂阅读教学方法的创新探究[J]. 中外交流, 2021, 28(1):1583-1584.

[13] 陈茜. 小学语文课堂教学方法的创新之策[J]. 中外交流, 2020, 27(16):

218.

[14] 王莉. 新课标下小学英语课堂教学的创新方法 [J]. 新课程（中旬），2019(10):170.

[15] 梁爽. 创新小学科学课堂教学的方法 [J]. 考试周刊，2015(26):185.

[16] 张迪. 浅谈小学体育课堂创新教学方法的研究 [J]. 速读（下旬），2019(9):70.

[17] 钟汉宇. 新课改下小学语文课堂教学方法的创新策略 [J]. 读与写，2020，17(20):77.

[18] 纪建华. 浅谈创新小学数学课堂教学方式、方法的实践 [J]. 读与写，2020，17(2):179.

[19] 杨成柱. 创新小学语文课堂教学模式的策略与方法研究 [J]. 课外语文（下），2017(5):104，106.

[20] 陈永兴. 小学体育课堂教学方法的创新分析 [J]. 数字化用户，2017，23(38):209.

[21] 马全增. 小学语文课堂教学的创新方法 [J]. 甘肃教育，2020(20):164.

[22] 潘雄英. 小学英语课堂阅读教学方法的创新探究 [J]. 读与写，2021，18(27):132.

[23] 班中鹿. 创新小学数学课堂教学方式、方法的实践 [J]. 魅力中国，2017(26):188-189.

[24] 杨发军. 创新小学数学课堂教学方式、方法的实践 [J]. 文理导航·教育研究与实践，2017(6):156.

[25] 陈菁. 小学音乐课堂教学方法的创新 [J]. 福建基础教育研究，2011(12):108-109.

[26] 马琳. 让课堂洋溢创造——小学英语课堂教学方法的创新探索 [J]. 魅力中国，2020(41):286.

[27] 钟梅红. 新课改下小学数学课堂教学方法的创新研究 [J]. 百科论坛电子杂志，2019(18):756.

[28] 蒋宁宁. 小学美术课堂教学方法的创新性研究 [J]. 考试周刊，2019(29):179.

[29] 张婵娟. 小学数学课堂教学中培养学生创新意识的方法 [J]. 文渊（小学版），2019(2):595.

[30] 何声. "学讲"趋势下小学美术课堂转变——以故事的方式创新教学方法 [J]. 美术教育研究，2016(2):151.

[31] 庄禾. 论小学语文创新教学中课堂气氛的营造方法 [J]. 语文课内外，2020

(10):121.

[32] 范林勇. 新课改下小学数学课堂教学方法的创新研究 [J]. 百科论坛电子杂志，2019(20):671-672.

[33] 蒋志珍. 新课改下小学数学课堂教学方法的创新研究 [J]. 新课程（中旬），2019(12):133.

[34] 姚强. 新课改下小学数学课堂教学方法的创新研究 [J]. 中外交流，2019，26(43):291.

[35] 余建英. 小学数学课堂教学方法的创新研究 [J]. 中外交流，2019，26(43):135.

[36] 肖丽红. 基于创新角度的小学体育教学方法探究 [J]. 黑河教育，2022(1):69-70.

[37] 柳迎芳. 新课改背景下小学数学教学方法的创新思考 [J]. 基础教育论坛，2022(10):32-33.

[38] 何伟开. 创新方法，提高效率——提高小学信息技术课堂教学效率的思考与实践 [J]. 科教导刊—电子版（中旬），2018(7):123-124.

[39] 赵会平. 创新教学方法打造高效课堂——谈小学数学高效课堂的构建路径 [J]. 甘肃教育，2021(5):174-175.

[40] 常晓. 小学数学有效课堂教学方法与培养学生创新能力的研究分析 [J]. 消费导刊，2017(12):85.

[41] 叶笑竹. 浅谈小学数学课堂教学设计认知能力培养的方法创新 [J]. 学周刊，2016(3):196.

[42] 文友光. 探究小学数学课堂教学方法的创新 [J]. 百科论坛电子杂志，2020(4):556-557.

[43] 朱丽娟. 创新丰富内涵，突破实现高效——小学英语课堂教学方法的创新研究 [J]. 新课程，2020(44):141.

[44] 李俊霞. 创新教学方法，提升教学质量——浅析构建小学数学高效课堂的策略 [J]. 新课程（中旬），2019(1):170.

[45] 王雪. 分析新课改下翻转课堂小学数学教学方法的创新 [J]. 文渊（小学版），2019(10):128.

[46] 尤永鸿. 基于创新角度的小学体育课堂教学方法探究 [J]. 新课程（上旬），2018(8):28.

[47] 周艳. 试论小学数学课堂教学方法的创新 [J]. 神州，2018(32):84.

[48] 王素香. 小学数学课堂教学方法的创新 [J]. 文理导航·教育研究与实践，2014(11):154.

[49] 孔晨. 创新小学科学课堂教学的方法 [J]. 考试周刊，2008(41):189-190.
[50] 马素艳. 在课堂教学中培养小学生创新精神的方法 [J]. 速读（上旬），2015(4):84.